L'objet technique en scène

Ouvrage réalisé avec le soutien de l'Université de Grenoble (mention de l'équipe de Julie) et de la Sorbonne Nouvelle et du LIRA (laboratoire international de recherche en arts).

Sous la direction de
Julia Gros de Gasquet et Julie Valero

L'objet technique en scène

La mise en jeu des objets technologiques sur les scènes contemporaines
Analyses et expériences

Sommaire

Introduction

L'objet technique en scène : statuts, usages et détournements

Julie Valero

À l'heure des réseaux et des dispositifs, il peut sembler incongru ou décalé de consacrer un ouvrage à la mise en jeu de l'objet technique sur les scènes théâtrales contemporaines. La scène-dispositif du XXIe siècle n'est-elle pas, en effet, bien plus propice à une interrogation sur l'évolution dans un environnement, sur l'interaction avec un milieu ? Pourtant, le développement d'une réflexion sur le statut et les fonctions de l'objet au théâtre, depuis les années quatre-vingt, et l'émergence plus récente des arguments et méthodes de l'intermédialité m'ont conduite à estimer qu'une attention particulière portée au statut spécifique de l'objet technique en scène pouvait mettre en lumière les relations, les effets et les modes de transmission qui seraient ceux d'un théâtre augmenté[1].

L'objet technique dans le champ théâtral

Rappelons tout d'abord le statut singulier de l'objet au théâtre, qui a donné lieu, depuis les années quatre-vingt, à une large production scénique et à autant d'études pour en saisir les mécanismes et les enjeux. Mais c'est d'abord avec l'émergence de la mise en scène, au tournant des XIXe et XXe siècles, que l'accessoire acquiert le statut d'objet, c'est-à-dire de signe authentique qui inscrit le comédien

---

1. Je choisis volontairement cette expression pour éviter « digital performance » qui englobe l'ensemble des arts scéniques, sans distinction disciplinaire.

dans un environnement, introduisant le corps en scène, comme le rappelle Jean-Luc Mattéoli[2]. Depuis, l'objet s'est érigé en acteur à part entière de l'environnement scénique, partenaire inerte mais familier, tantôt coopératif, tantôt récalcitrant de l'interprète. En cela, il est l'initiateur non seulement d'une relation mais aussi et surtout d'une histoire, déclencheur d'une mise en récit de l'homme en son milieu.

Les jeux avec l'objet ont ainsi donné lieu à tout un pan de la création scénique, le « théâtre d'objets », fruit de la rencontre entre des techniques corporelles de manipulation et de jeu spécifiques et une inventivité technologique inouïe, à mi-chemin entre l'innovation et le bricolage. Ces univers oniriques et surprenants engagent le spectateur dans des expériences sensorielles singulières, tant par l'intermédialité qui les constitue que par les jeux d'échelle et la multiplicité des points de vue qui les caractérisent[3].

L'ensemble de ces productions et des analyses qui les ont accompagnées m'encourageait donc à déplacer le débat : alors que c'est la prise en compte des effets esthétiques et dramaturgiques qui domine largement les études de l'apport des « nouvelles technologies » aux arts de la scène, et plus spécifiquement au théâtre, il semblait nécessaire de faire preuve de pragmatisme et de décoller le regard du seul sujet, l'acteur. L'impératif de donner sens à la machine, formulé par Gilbert Simondon en 1958, semblait également justifier un réinvestissement symbolique de l'objet technique en scène :

> « Cette étude est animée par l'intention de susciter une prise de conscience du sens des objets techniques. La culture s'est constituée en système de défense contre les techniques ; or, cette défense se présente comme une défense de l'homme, supposant que les objets techniques ne contiennent pas de réalité humaine. Nous voudrions montrer que la culture ignore dans la réalité technique une réalité humaine, et que, pour jouer son rôle complet, la culture doit incorporer les êtres techniques sous forme de connaissance et de sens des valeurs. [...]

2. Jean-Luc Mattéoli, *L'Objet pauvre : mémoire et quotidien sur les scènes contemporaines*, Presses Universitaires de Rennes, 2011.
3. On pense ici spécifiquement au travail de groupes tels que : *Hotel Modern* (Pays-Bas), *Stéréoptik* (France) ou encore *Agrupacion Señor Serrano* (Espagne).

L'opposition dressée entre la culture et la technique, entre l'homme et la machine, est fausse et sans fondement ; elle ne recouvre qu'ignorance ou ressentiment. [...] La plus forte cause d'aliénation dans le monde contemporain réside dans cette méconnaissance de la machine, qui n'est pas une aliénation causée par la machine, mais par la non-connaissance de sa nature et de son essence, par son absence du monde des significations, et par son omission dans la table des valeurs et des concepts faisant partie de la culture[4] ».

Mieux comprendre l'objet technique, en tracer les contours et en saisir les mécanismes apparaît ainsi comme l'occasion d'appréhender tout à la fois plus globalement et plus précisément les relations entre interprète et technique dans un milieu théâtral hexagonal dont on a suffisamment dit la frilosité vis-à-vis de la « technique ». Chantal Guinebault-Szlamowicz, parmi d'autres, rappelait déjà, en 2005, à quel point l'usage même du qualificatif « nouvelles technologies » dénotait l'embarras avec lequel ces usages sont considérés :

« l'emploi même de ce qualificatif décalé (il y a quelques temps qu'elles ne sont plus "nouvelles" !) est significatif du malaise. Les techniques sont difficilement perçues en France et une frilosité continue de caractériser le regard porté sur les arts du spectacle, alors que dans les arts plastiques le problème est résolu depuis longtemps. Il est pourtant impossible de parler d'art sans parler de technique. [...] C'est seulement la théorie sur l'art qui omet parfois sa dimension technique, pas l'art lui-même[5] ».

Au-delà de ces considérations liminaires, il semble bien que l'« objet » recouvre une certaine actualité du côté des technologies de l'information et de la communication. En effet, on sait bien que l'objet n'est pas seulement celui, physique, du monde qui nous entoure, telle que la chaise en paille sur laquelle je suis assise pour

---

4. Gilbert SIMONDON, *Du mode d'existence des objets techniques* (1958), Aubier, Paris, 1989, p. 9-10.
5. Chantal GUINEBAULT-SZLAMOWICZ, « Scénographie : l'ouvrage et l'œuvre », *Théâtre/Public*, no 177, pp.5-8, p. 6.

écrire, mais bel et bien un concept du langage informatique : si elle date des années soixante, la « programmation orientée objet » a été un moyen efficace de faciliter l'accès du plus grand nombre à la programmation informatique. Le programmeur peut alors manipuler des codes sources – pour être plus précise des ensembles de fonctions et de variables regroupés au sein d'un « objet » – sans nécessairement avoir besoin d'en comprendre les mécanismes. L'« objet » du langage informatique a ainsi véritablement été conçu en fonction de sa matérialité et en référence aux objets physiques du monde réel : comme eux, il a des propriétés spécifiques, peut faire des actions précises et interagir avec d'autres objets. C'est cette pertinence du terme en langage informatique qui pousse Lev Manovich, dans son *Langage des nouveaux médias*[6], à faire de l'expression « objet néomédiatique » – *new media object* en version originale – le terme de référence pour désigner les productions artistiques et/ou culturelles issues du champ médiatique[7]. Aujourd'hui, les objets physiques ont acquis de nouvelles fonctionnalités avec le *Web 3.0* aussi appelé *Internet des objets* : smartphones, montres et GPS sont directement reliés au web pour y transmettre des données relevant de domaines tels que la santé, la domotique ou encore la quantification de soi.

Ces avancées rendent donc complexe la définition même de « l'objet technique » et ont contribué à la mise en mouvement, ces dernières décennies, de la frontière qui séparait le monde matériel du monde immatériel. Dans le champ théâtral, l'apparition de « nouveaux » objets à manipuler est représentative de ce déplacement : pour ne citer que cet exemple, si l'écrit avait déjà, par le passé, donné lieu à diverses formes de matérialisation (je pense évidemment aux jeux typographiques des avant-gardes littéraires ou

---

6. Les Presses du réel, 2010.

7. L'« objet néomédiatique » peut alors être : « une image fixe numérique, un film composé numériquement, un environnement virtuel 3D, un jeu vidéo, un DVD hypermédia autonome, un site Web hypermédia ou le Web dans son ensemble » (p. 73). Et Manovich de préciser : « Ce mot est par ailleurs très répandu dans la science et l'industrie informatiques où il sert à marquer le caractère modulaire des langages de programmation orientés objet tels que C++ et Java, des bases de données orientées objet, ainsi que du protocole de liaison et d'incorporation d'objets OLE (*Object Linking and Embedding*) utilisé dans les produits Microsoft Office » (p. 73-74). À cette coïncidence d'usage langagier, l'auteur du *Langage des nouveaux médias* ajoute d'autres arguments historiques et esthétiques, faisant par exemple référence à l'emploi du terme dans l'avant-garde russe des années 20.

encore au lettrisme), les types de projections de plus en plus sophistiquées, associées aux logiciels de traitement du signal en temps réel, ont permis, depuis les années quatre-vingt-dix, de nombreuses expériences scéniques de matérialisation de l'écriture et d'interaction avec celle-ci[8], comme en témoigne en clôture de cet ouvrage le texte de Philippe Boisnard, artiste numérique et écrivain, ayant à son actif plusieurs créations et programmations interactives à destination de la scène (notamment dans le cadre de collaborations avec Lucille Calmel et Anne Théron). Dans cette optique, Izabella Pluta a défini l'objet technologique, entre matérialité et immatérialité, comme « composante du dispositif technologique » mis au point pour un spectacle : « L'objet technologique tel que nous envisageons de le définir ici désignerait non seulement les différentes matérialités d'un produit conçu par l'équipe scientifique pour un spectacle mais aussi les confluences conceptuelles et les interférences des savoirs qu'ils génèrent[9] ».

Pourtant, plus encore qu'aux objets technologiques spécifiquement développés en vue d'une création scénique, c'est aux objets médiatiques de notre quotidien que je voudrais m'intéresser. En cela, je suis l'intuition de Barbara Matijevi´c et Giuseppe Chico qui, pour leur spectacle *Forecasting* (2011), avaient rêvé un écran portatif, surface pure, sans clavier ni contours[10] puis finalement renoncé à le construire eux-mêmes car « il ne s'agissait pas pour [eux] de concevoir un objet qui n'existait pas mais bel et bien d'utiliser l'objet que tout le monde a à la maison, que tout le monde connaît[11] ». Comme l'analyse parfaitement Émilie Charvet dans le dossier de la revue

---

8. La compagnie française *Alis* s'est distinguée dans ce type de productions et se revendique plutôt du théâtre d'objet ou du théâtre visuel : http://www.alis-fr.com/site/ Mais des artistes, moins sensibles aux « nouvelles technologies », ont également pu y avoir recours ponctuellement et intégrer cette technologie au sein d'une production théâtrale, comme en témoignent les nombreux exemples donnés dans l'ouvrage dirigé par Ariane Martinez et Jean-Pierre Ryngaert, *Graphies en scène* (Éditions Théâtrales, Montreuil-sous-bois, 2011).

9. « Lorsqu'un metteur en scène ré/invente un objet technologique. Parcours, collaborations, traces », in Monique Martinez-Thomas et Sophie Proust, *La Notation du travail théâtral : du manuscrit eu numérique*, Hispania n°19, Lansmann Éditeurs, Belgique, 2016, pp.115-129, p. 120.

10. Le premier i-pad est commercialisé en mars 2012.

11. Cf. « De *Wikipedia* à *You Tube*, une dramaturgie digitale ? », Entretien avec J. Valero, ci-dessous, pp. 107-123, p. 118.

Agôn consacré à l'objet, chaque objet contient en lui-même un type de corporalité ; à l'artiste d'en jouer ou de s'y soumettre :

> « Parce qu'il contient sa propre discipline, chaque objet semble ainsi offrir au manipulateur une gamme spécifique de mouvements et de rythmes qui façonnent en retour son propre corps. L'objet éduque mais n'aliène pas : matérialité sourde et bornée, la contrainte qu'il impose engage l'artiste à chercher le libre jeu face à ce qui s'impose et asservit[12] ».

En cela, la contribution de Mélissa Van Drie, « Refaçonner l'oreille, prendre en main la voix : le comédien et le phonographe », est tout à fait significative tout à la fois des empêchements et des potentialités que fait naître la relation de l'interprète à un objet nouveau, et apporte une perspective historique précieuse. L'impossibilité d'importer les techniques corporelles scéniques face au pavillon du phonographe, la contrainte d'une diction et d'un rythme spécifiques à l'objet font naître de nouvelles pratiques mais aussi de nouveaux modes d'écoute. De là, la chercheuse conclut qu'il faut envisager un renversement de la hiérarchisation entre objet et scène et accorder au phonographe, entre autres, l'importance qu'il mérite dans l'évolution des pratiques théâtrales : on a trop négligé l'influence de tels objets sur l'écriture dramatique et les pratiques scéniques ultérieures, comme en témoigne l'exemple d'Alfred Jarry qu'elle évoque au terme de son article.

De l'objet à l'appareil : détourner les usages

De ce phonographe investi par les « monstres sacrés » de la fin du XIXe siècle aux casques de réalité virtuelle de Robert Lepage, dans son installation *La bibliothèque, la nuit* (2016) présentée par Hervé Guay, en passant par le smartphone sur les scènes opératiques contemporaines telles que les présente Caroline Mounier-Vehier, ou les drones saisis par l'œil de Julia Gros de Gasquet, l'objet technique en scène, abordé dans cet ouvrage, reste un objet préhensile par l'acteur – à la différence de l'élément scénographique – ni trop lourd, ni trop grand mais suffisamment maniable pour rester dans cette

---

12. Émilie CHARLET, « S'embarrasser de l'objet », Agôn [En ligne], Dossiers, No 4 : *L'objet*, mis à jour le : 03/02/2012, Disponible sur : http://agon.ens-lyon.fr/index.php?id=2152, consulté : le 28/09/2015.

sphère intermédiaire entre costume et décor[13]. Qu'il soit importé du quotidien – casques d'écoute de Dries Verhoeven dans *No man's land* (2008) présenté par K. Arfara dans « L'objet technique en ville : à propos des espaces discursifs de Dries Verhoeven » – ou bricolés en vue du spectacle – les objets-machines de Goebbels dans *Stifters Dinge*, analysé par E. Beaufils, dans son article « Fictions critiques vis-à-vis des "quasi-sujets" de la scénographie » – l'objet technique est appelé à fonctionner dans un contexte différent de celui pour lequel il a été créé ; par là, son usage scénique est bel et bien une façon d'interroger son fonctionnement quotidien, ordinaire.

Mais ce détournement n'est pas la moindre des difficultés auxquelles se confronte celui qui joue avec l'objet technique : il présente bien souvent une déficience d'expressivité fonctionnelle, c'est-à-dire que « ce qu'on peut faire (le *feel*) est supérieur à ce qu'on voit (le *look*)[14] ». En effet, comment imaginer faire autre chose avec un smartphone que téléphoner ou tapoter sur son écran tactile ? La taille même de l'appareil est peu propice à des effets « spectaculaires » et si l'objet traditionnel, telle que la batte d'Arlequin, joue souvent à être autre chose que ce qu'il est, l'objet technique, lui, revêt plutôt une forme de sacralisation peu propice aux expérimentations physiques diverses (marcher sur un téléphone portable, jeter un ordinateur à terre ne provoque-t-il pas immanquablement des frissons dans l'assistance ?). Ici les témoignages de Robert Lepage ou du duo Premier stratagème, composé de Barbara Matijevi´c et Giuseppe Chico, sont riches d'enseignement, en cela que les spectacles qu'ils inventent sont exemplaires d'un usage scénique d'objets techniques de notre quotidien : en faisant littéralement émerger la fiction du smartphone, pour Lepage, ou en retournant l'écran de l'ordinateur portable vers le public, pour Matijevi´c et Chico, ces artistes donnent à voir un fonctionnement détourné d'un objet qui nous est familier, fonctionnement qui interroge tant notre rapport à la mémoire (Lepage) qu'à la construction de nos identités (Matijevi´c-Chico). Faisant cela, ils érigent aussi ces objets ayant peu d'ex-

---

13. Ce n'est pas tout à fait vrai du drone qui demande un certain savoir-faire et des précautions de sécurité, comme l'explique Julia Gros de Gasquet dans son article (cf. ci-dessous, pp. 74-88).
14. Jean-Louis Fréchin, « Vers un nouveau système des objets, les néo-objets », dans *Internet peut-il casser des briques ? Un territoire politique en jachère*, sous la direction de Philippe Aigrain et Daniel Kaplan, Descartes et cie, Paris, 2012, pp. 43-72, p. 49.

pressivité fonctionnelle, comme des supports féconds et inventifs de leur dramaturgie. À ces usages dont témoignent les entretiens, fait particulièrement écho l'expérience menée par Dries Verhoeven dans les rues d'Athènes ; Katia Arfara démontre comment *No man's land* appelle une transgression des usages et des effets habituels de l'objet convoqué, le casque d'écoute : en dissociant l'espace sonore de l'espace visuel, au sein d'un parcours déambulatoire dans la ville, ils provoquent une « réactivation du regard ». Ce sont alors les modes d'attention sollicités par ces objets, qui sont mis en jeu au sein de la représentation théâtrale.

Mais c'est aussi à la dimension expérimentale de l'usage scénique que les constructeurs d'objets technologiques peuvent vouloir faire appel ; c'est le cas de l'Oculus rift, « pris en mains » par la compagnie de Robert Lepage et véritablement mis en jeu au sein d'une installation immersive prenant pour objet la bibliothèque. Dans « Média- turgie et enchevêtrement technologique dans *La bibliothèque, la nuit* de Robert Lepage », Hervé Guay propose ainsi d'ausculter l'intégra- tion du casque de réalité virtuelle aux « pratiques parathéâtrales » du metteur en scène québécois. L'analyse minutieuse qu'il nous livre de ce parcours immersif met en valeur le caractère profondément inter- médial de la démarche et l'apport décisif que constitue l'expérience théâtrale pour l'utilisation créative de ces nouveaux objets.

Pour Pierre-Damien Huyghes, il faut pouvoir distinguer ma- chine et appareil et introduire du jeu dans nos usages techniques : alors qu'au sein d'objets techniques considérés « comme des concen- trations de services[15] », nos usages sont déjà paramétrés et fonction- nalisés à travers diverses applications, l'appareil, lui, nous oblige à un usage plus réflexif. J'entretiens avec l'instrument de musique ou avec l'appareil photographique (non automatisé) une « relation beaucoup plus complexe que la relation de servilité et par extension de ser- vices[16] » qui est celle qui me lie à mon téléphone portable :

« Au fond », écrit-il, « d'un appareil photographique non au- tomatisé, on ne se sert pas au sens strict du mot, au sens où le mot service renvoie, dans l'hypothèse de la réflexion qui est la mienne,

---

15. Pierre-Damien HUYGHE, *À quoi tient le design, Sociétés, services, utilités*, De l'inci- dence, Grenoble, 2014, p. 12.
16. *Id.*, p. 15.

à la racine de la servilité. Voilà justement qui en fait un appareil, et non pas juste un instrument. [...] Vous ne pouvez pas avec lui faire une photographie sans vous poser un certain nombre de questions sur ce que vous êtes en train de faire[17] ».

De là découle que l'« appareil » engage avec son utilisateur une relation plus élaborée, plus réfléchie et nécessitant davantage de compétences techniques, que la relation, servile, qu'engage une simple machine automatisée. C'est évidemment ce type de relations que les spectacles présentés dans cet ouvrage mettent en lumière : l'usage de l'objet technique en scène est un détournement dont le propre est de *réfléchir* la relation qu'il engage avec son utilisateur, c'est-à-dire *in fine*, nous, spectateurs. En bricoler les fonctionnalités, en détourner les usages, en dérégler les paramètres est l'objet même de cette mise en jeu qui s'incarne dans une dynamique : faire de l'objet technique un appareil.

Du détournement aux « fictions critiques »[18] : des mises en jeu singulières

Dans ce jeu de manipulation, gageons donc que la mise en jeu des objets techniques est avant tout un exercice critique susceptible de donner sens aux environnements technologiques dans lesquels nous évoluons. En effet, pour N. Katherine Hayles, Lev Manovich en opposant radicalement base de données et récit comme formes culturelles caractéristiques de deux époques techniques différentes[19], néglige une articulation essentielle de la culture numérique :

---

17. *Id.*, p. 14.

18. J'emprunte l'expression au titre d'E. Beaufils : « Fictions critiques vis-à-vis des "quasi-sujets" de la scénographie », cf. ci-dessous, pp. 39-50.

19. Pour lui, base de données et récit peuvent être considérés comme « des ennemis naturels. Ils rivalisent sur le même terrain, celui de la culture, revendiquant le droit exclusif de donner sens au monde » (Lev Manovich, *Le Langage des nouveaux médias*, Les Presses du réel, Paris, 2010, p. 403). De ce combat, c'est bel et bien la base de données qui sort victorieuse : « une base de données peut servir de support à un récit, mais rien dans la logique du médium lui-même n'en favorise la génération. Il n'est donc pas étonnant que les bases de données occupent un territoire aussi important (voire le plus important) dans le paysage des nouveaux médias. Le plus surprenant, c'est que la forme qui s'en distingue le plus – le récit – y trouve encore une place. » (*Id.*, p. 407-408).

> « Parce que la base de données est capable de construire des juxtapositions relationnelles, mais pas de les interpréter ou de les expliquer, elle a besoin du récit pour donner du sens à ses résultats. Le récit, pour sa part, a besoin de la base de données, dans la culture à forte intensité de calcul du nouveau millénaire, pour renforcer son autorité culturelle et tester la portée générale de ses idées. Si le récit se dissout souvent dans la base de données […] la base de données catalyse et, en réalité, exige la réapparition du récit dès que la signification et l'interprétation sont requises[20] ».

C'est à une conclusion similaire que parvient Eliane Beaufils, dans « Fictions critiques vis-à-vis des "quasi-sujets" de la scénographie », affirmant que « l'activité fictionnelle créatrice » des objets doit rester primordiale dans les relations que nous entretenons avec eux. À partir de deux spectacles faisant disparaître l'acteur au profit d'objets techniques – *33 tours et quelques secondes* (Rabih Mroué, 2012) et *Stifters Dinge* (Heiner Goebbels, 2007) – elle questionne les modes d'attention sollicités par ces derniers et révèle, chez Rabih Mroué, une dramaturgie inédite, fruit du dialogue muet du spectateur avec la page Facebook portée à l'écran, et chez Heiner Goebbels, un geste critique radical qui contribue à une ré-humanisation de la machine. Nous invitant à réfléchir à partir du concept d'« *affordance* », c'est-à-dire en fonction des potentialités engagées par les objets en présence, son approche psycho-cognitive enrichit considérablement l'étude de la réception de spectacles mettant en jeu des objets techniques.

Enfin, cette première partie critique se clôt avec un texte de Julia Gros de Gasquet, intitulé « Le drone au théâtre : un "dépaysement" accessoire ? ». Outre le caractère novateur d'une réflexion autour de cet objet encore peu présent sur les scènes théâtrales, cette approche critique constitue également un aboutissement : celui d'une aventure commencée en 2015 autour du projet artistique d'Agnès de Cayeux, *Une Jeune femme vue du ciel*[21]. C'est en effet à l'occasion d'une rési-

---

20. N. Katherine HAYLES, *Lire et penser en milieux numériques, Attention, récits, technogenèse*, ELLUG, Grenoble, 2016, p. 282.
21. Conception A. de Cayeux, avec M.-M. Maréchal, A. Carbonnier et E. Dusard. *Une Jeune femme vue du ciel* a donné lieu à une performance, *Piper Malibu* (Centre Pompidou – Paris, Janvier 2015, Experimenta – Grenoble, Octobre 2015) et à un film, *Janice*. Cf. : http://agnesdecayeux.fr/AdC_site/dronesRE/index.html

dence de l'artiste, à l'Amphidice de l'Université Stendhal à Grenoble, qu'a émergée cette réflexion collective autour de l'objet technique[22]. À travers deux spectacles, diffusés dans des institutions aux vocations relativement différentes, la Comédie-Française et la Centre Georges Pompidou (Festival Hors Pistes), Julia Gros de Gasquet nous donne à voir l'usage qui est fait de cet objet fascinant et dangereux qu'est le drone. Conjuguant approche esthétique et historique, elle rend compte de l'ambiguïté et des limites de ces usages qui ne peuvent se contenter d'un ludisme accessoire. Plus qu'un outil, le drone est une arme et introduit dans l'espace scénique le dépaysement du réel.

Jouer avec l'objet technique apparaît ainsi comme l'un des défis majeurs du théâtre du XXIe siècle car cette manipulation, qu'elle soit détournement ou résistance, est avant tout un réinvestissement et donc un geste critique nécessaire. Brecht le prônait déjà, lui qui ambitionnait un « théâtre de l'âge scientifique », c'est-à-dire un théâtre en phase avec les avancées scientifiques et technologiques de son temps[23] ; Beckett intégra cet enjeu tant à son écriture dramatique qu'à certaines de ses productions (*La Dernière bande, Quad*)[24]. L'objet technique au théâtre ne peut ainsi se contenter de fonctionner tel un instrument déjà paramétré, de ronronner comme une machine servile, sa *mise* en scène doit être l'occasion d'interroger la relation qui nous asservit à son usage.

---

22. Projet-lauréat 2015, « L'Objet technique en scène » avait bénéficié du soutien de la SFR Création de l'Université Grenoble Alpes. Projet de recherche-création, il s'articulait autour de la résidence d'Agnès de Cayeux et de son approche singulière de l'objet-drone. L'année suivante, grâce à la collaboration avec Julia Gros de Gasquet (LIRA EA 7343), le programme s'est poursuivi sur un projet de publication dont cet ouvrage est le fruit.

23. « Toute notre façon de jouir du théâtre commence à être anachronique. […] nous sommes les enfants d'un âge scientifique. Notre vie d'hommes en société – et cela signifie : notre vie – est déterminée par les sciences, et dans une proportion tout à fait nouvelle. […] Bien que les sciences nouvelles aient ainsi rendu possible une énorme transformation (et surtout transformabilité) du monde qui nous entoure, on ne peut pourtant pas dire que leur esprit nous anime et nous détermine tous. » (Bertolt BRECHT, *Petit organon pour le théâtre*, dans *Écrits sur le théâtre*, Paris L'Arche / Gallimard, 2000, p. 358-359).

24. Je me permets de renvoyer à cet article : Julie VALERO, « Beckett et les techniques : quels défis pour les pratiques scéniques actuelles ? » dans « Beckett et les autres arts », *Registres*, no Hors-série III, Presses de la Sorbonne Nouvelle, 2012.

Comme pour tirer le fil de cet héritage, je souhaitais également donner voix aux artistes. Robert Lepage, Jean-François Peyret et Barbara Matijevi´c, avec son complice Giuseppe Chico, ont accepté de se prêter au jeu de l'interview, qu'ils en soient ici chaleureusement remerciés. Philippe Boisnard a, lui, livré un texte qui prend des allures de manifeste et vient clôturer l'ensemble. Les réunissent tout à la fois une réflexion sur la technique et ses capacités ludiques au sein de l'espace théâtral. Comme l'écrit Hervé Guay dans l'article qu'il lui consacre, chez Robert Lepage, l'objet « participe à la fois à la mise en mouvement, au ludisme et à la théâtralité de la représentation »[25] ; c'est là une caractéristique qui réunit ces artistes et justifie leur présence dans cet ouvrage. Tous ont en effet développé, au fil du temps, une réflexion solide sur la place des objets techniques dans notre quotidien et la rencontre entre culture traditionnelle et culture numérique : leurs spectacles sont le reflet de cette réflexion. Ni fascination naïve, ni rejet en bloc, ils constituent des expérimentations sur, avec, autour d'un certain imaginaire technologique.

---

25. Cf. ci-dessous, p. 60.

Analyses et regards critiques

L'objet technique en scène
du XIXe au XXIe siècle

Refaçonner l'oreille,
prendre en main la voix :
le comédien et le phonographe[26]

Melissa Van Drie

Cet article explore le rôle du comédien dans le devenir théâtral du phonographe pendant les dernières décennies du XIXe siècle. N'ayant pas donné assez d'attention à l'histoire matérielle du phonographe, les études théâtrales n'ont pas pleinement pris en compte les conditions et les manières plurielles dont le phonographe fonctionne en tant qu'objet théâtral, voire la façon dont le phonographe a contribué à la définition de l'objet théâtral lors du développement de la mise en scène moderne[27]. L'hypothèse explorée au cours de l'article est que les premiers essais d'enregistrement vocaux par les monstres sacrés sont fondamentaux pour comprendre les enjeux scéniques de cette technologie. L'étude de ces rencontres permet d'observer de plus près le *processus* de l'enregistrement de la voix.

---

26. Cet article a été rédigé lors de mon poste de chercheuse postdoctorale dans le cadre du projet ERC "Sound and Materiality in the 19th Century" au Département de Musique à l'Université de Cambridge.

27. Pour une problématisation historique de l'objet théâtral voir Anne-Sophie Noel, « Introduction », Dossier *Pour une archéologie de l'objet théâtral*, *Agôn* [en ligne], n°4, 2011, URL : http://agon.ens-lyon.fr/index.php?id=2049 [consulté le 7 février 2018]. Pour une analyse et théorisation des enjeux de l'objet technique au théâtre, voir Julie Valero, « La mise en jeu des objets techniques sur les scènes théâtrales contemporaines », *Revista Brasileira de Estudos Da Presença* [en ligne], v. 6, n° 2, août 2016, URL : http://seer.ufrgs.br/index.php/presenca/article/view/58858 [consulté le 7 février 2018].

Les outils d'analyse dont nous disposons pour cet objet technique ont besoin d'être révisés. L'objectif de cette étude est de contribuer à l'élargissement et à l'approfondissement de nos approches par le « *reenactment* » ou réactivation de l'action de profération devant un pavillon. Ceci inclut l'entrée du comédien dans l'espace d'enregistrement phonographique — qu'on nomme le « laboratoire » dans les années 1880 — et son incorporation à celui-ci. Le face-à-face entre le comédien et le phonographe crée un espace privilégié, parfois tendu. À partir de cet espace, on pourra interroger la coordination d'une technique corporelle et vocale, l'expérience sensorielle du processus, enfin le développement de la potentialité créative de l'objet technique basé sur les actions tangibles de son fonctionnement. Ce qui est au cœur de la rencontre entre le monstre sacrée et la « machine parlante » est l'ouverture d'une nouvelle réflexion sur la voix : il ne s'agit pas seulement d'un besoin de développer des techniques vocales en réponse aux nouveaux savoirs de l'ouïe et de l'acoustique, mais également d'un questionnement épistémologique et esthétique de la production de la voix dans le théâtre moderne de la fin du XIXe siècle.

La voix qui fait son

Les monstres sacrés que sont Sarah Bernhardt, Réjane, Mounet-Sully, Coquelin aîné, Coquelin cadet, Julia Bartet, Paul Mounet s'enregistrent au phonographe à l'aube du XXe siècle. On peut comprendre pourquoi l'idée de conserver leur voix, leur voix seule – sans partenaires, sans spectateurs, sans bruits de pas – intéresse alors ces comédiens, et particulièrement à un moment où le développement de la mise en scène moderne annonce de nombreuses reconfigurations de la représentation scénique. Dans le théâtre français du XIXe siècle la voix déclamée tient un statut privilégié. Certes cette voix crée le rôle. De plus, et avec la musique, cette même voix construit le son principal de la pièce[28]. La voix est à la fois la signature intime du comédien et, au-delà d'elle-même, une représentation d'un mode d'existence, d'une culture, d'une époque du théâtre. L'historien Jean-Jacques Roubine décrit cet art de la déclamation comme « l'abou-

---

28. Anne PENESCO, « La voix de l'acteur : appréciation, notation, évocation », dans *Le son du théâtre XIXe-XXIe siècle : histoire intermédiale d'un lieu d'écoute moderne*, sous la direction de Jean-Marc LARRUE et de Marie-Madeleine MERVANT-ROUX, CNRS Éditions, 2016, p. 420.

tissement magnifique de plus de deux siècles d'évolution de l'art de l'acteur. Une évolution qui touchait à sa fin. Le "monstre sacré" c'était *le théâtre au singulier*. La mise en scène moderne, ç'allait être le théâtre au pluriel »[29]. Dans sa critique de ce « théâtre singulier », André Antoine, fondateur de cette nouvelle conception de la mise en scène, souligne les modes d'attention excessifs accordés à ces interprètes et à leur voix et les résultats produits :

> « Partout, nous avons, en une soirée passée au théâtre, la joie d'un ou deux artistes de premier ordre autour desquels tout gravite et pour lesquels tout est réglé […] il [l'artiste] ne songera qu'à amplifier, développer son rôle et l'effet de ce rôle, quitte à déséquilibrer toute l'œuvre[30] ».

Le concept de l'enregistrement sonore semble prolonger assez naturellement cette pratique scénique des monstres sacrés, c'est-à-dire une pratique fondamentalement monologique même lorsqu'ils ont des partenaires[31]. Les capacités techniques des premiers appareils favorisent l'enregistrement d'une seule voix, créant alors un nouvel espace monophonique clos, unidirectionnel et hautement artificiel. Même la limitation de la longueur des textes selon les capacités du cylindre (à deux minutes initialement, puis, à partir de 1904, à quatre minutes) coïncide assez bien avec un découpage mental et parfois affectif des morceaux de bravoure, des « tirades », des « monologues », etc. qui fait partie des habitudes du spectateur[32].

---

29. Jean-Jacques ROUBINE, « Nouveaux usages pour instruments anciens », dans *Le théâtre en France, 2. De la Révolution à nos jours*, sous la direction de Jacqueline de JOMARON, A. Colin, Paris, 1989, p. 162. Je souligne.

30. André ANTOINE, *Le Théâtre-Libre [1890]*, dans *Antoine, l'invention de la mise en scène : anthologie des textes d'André Antoine*, sous la direction de Jean-Pierre SARRAZAC et Philippe MARCEROU, Actes Sud-Papiers, Arles, 1999, p. 81. Je souligne. La citation fait partie du bilan des premières années du Théâtre-Libre où Antoine décrit un théâtre idéal fondé sur un jeu d'ensemble.

31. En parcourant les catalogues de la société Pathé avant 1900, on constate la prédominance des performances d'une voix seule (arias, chansons, discours, monologues) par rapport aux ensembles des instruments musicaux, par exemple. Voir Guisy PISANO, « Pour une histoire des disques de théâtre », *Le son du théâtre. I. Le passé audible*, sous la direction de Jean-Marc LARRUE et Marie-Madeleine MERVANT-ROUX, dans *Théâtre / Public*, n° 197, septembre 2010, pp. 60-70.

32. En 1932 le critique littéraire Lucien DUBECH décrit les enregistrements sonores

Cependant, la rencontre physique avec le phonographe démontre tout autre chose : une rupture, justement, avec ce « théâtre au singulier ». L'acte de se mettre devant le pavillon — soit pour s'enregistrer, soit pour en écouter les résultats — engendre des perturbations chez le comédien, et sur les modalités de production de sa voix[33]. Une des raisons principales de cette perturbation de la technique vocale est la présence manquante du public dans le dispositif phonographique. L'actrice Beatrix Dussane explique :

> « Les antiques enregistrements de Sarah Bernhardt et de Mounet-Sully font sourire à cette heure : imagine-t-on le désarroi de ces grands acteurs qui avaient alors passé la soixantaine et à qui on demandait d'exercer leur art, *sans espace et sans public, en captifs aveugles* ? Autant demander à un poisson rouge de nager sur une toile cirée[34]. »

L'enregistrement révèle les différences du médium phonographique avec le « théâtre au singulier ». L'acte de proférer devant la grande oreille mécanique permet d'observer le bouleversement de la technique vocale corporelle. Dussane met le doigt dessus : les conditions mêmes de cette profération troublent *l'exécution* de la pratique du comédien. En notant l'absence du spectateur du théâtre

---

des sociétaires de la Comédie-Française. Il distingue deux périodes d'enregistrement « monologique » et « dialogique » selon les capacités techniques de l'appareil (notamment le procédé de l'enregistrement électrique utilisé à partir du 1925) : « Premier temps de la machine parlante, elle avait reproduit le simple monologue. Il a fallu attendre qu'elle soit capable de marier les voix en un dialogue gravé avec assez de finesse pour que les timbres se distinguent, qu'il passe entre eux assez d'air, que la souplesse du rendu conserve ou à tout le moins transpose quelque chose du mouvement d'une action invisible », dans *La Compagnie française du gramophone. Enregistrements de La Comédie Française*, brochure publicitaire, mai 1932, p. 6-7.

33. George E. Gouraud, le représentant d'Edison à Londres témoigne du premier essai du célèbre acteur shakespearien Henry Irving au phonographe fin août 1888 : « Il a approché [le phonographe] avec cet air de confiance qui caractérise M. Irving quand il se déplace. Quand il s'est arrêté, il s'est trouvé devant le phonographe et il a commencé à lui parler, mais ce n'était pas du tout Irving, lui-même [...] son effroi lui a fait perdre sa voix. » Reproduit dans Theodore Wesley FOLKERTH, *The sound of Shakespeare*, London, Routledge, 2002, p. 5, ma traduction.

34. Béatrix DUSSANE, *Au jour et aux lumières, 1. Premiers pas dans le temple*, Calmann-Lévy, Paris, 1955, pp. 234-235.

dans le dispositif phonographique, Dussane souligne l'importance cruciale, pour les comédiens, de la salle, dont ils tiennent spontanément compte en jouant, selon de multiples phénomènes d'interaction réciproque[35].

Dans le théâtre du XIXe siècle, la voix du comédien est construite par rapport à ces interactions, et en particulier par rapport à l'écoute. L'écoute active du public est une caractéristique fondamentale du dispositif théâtral de la coprésence. Cette écoute du spectateur et son rôle essentiel à la formulation de la voix du comédien trouvent de nombreuses expressions discursives (à travers notamment la critique ou le traité)[36]. L'absence du public fait donc surgir une série de questions : par quoi sont-ils — cet espace acoustique du théâtre et ce public à la fois audible, palpable, visuel — remplacés dans le dispositif ? Comment la présence matérielle du phonographe lui-même est-elle ressentie ? Quelles sont les façons dont le phonographe change le rapport du comédien à son corps et à ses rôles scéniques ?

Il s'agit d'aborder les enjeux de la prise en main du phonographe par le comédien en explorant la reconfiguration de sa propre écoute. Cette écoute nouvelle est façonnée en fonction d'un travail physique avec l'appareil, effectuée au sein du laboratoire du phonographe. Elle rend étrange la voix et dessine un terrain nouveau dans lequel l'organe vocal, les moyens de production et les qualités de la vocalité peuvent être réévalués. Prendre en considération les activités du laboratoire est une façon de combler une lacune historiographique des études théâtrales, qui en évitant une réflexion sur l'objet technique « phonographe » ont fait preuve d'une amnésie symptomatique vis-à-vis des multiples facettes de l'écoute dans la création scénique.

---

35. Voir Marie-Madeleine MERVANT-ROUX, *L'Assise du théâtre*, coll. « Arts du spectacle », CNRS éditions, Paris, 1998, pp. 171-190. Même si le public est alors souvent décrit comme monstrueux ou hostile, il constitue un partenaire familier.

36. Anne PENESCO souligne qu'au XIXe siècle le mot « audible » désigne la compréhension du texte et le mot « sonore » décrit la musicalité de la voix du comédien, *op. cit.*, p. 420. Voir également les travaux de Julia DE GASQUET, *En Disant l'alexandrin : l'acteur tragique et son art. XVIIe-XXe siècle*, H. Champion, Paris, 2006. Pour une perspective musicologique complémentaire, voir Martin KALTENECKER, *L'oreille divisée : les discours sur l'écoute musicale aux XVIIIe et XIXe siècles*, Éditions MF, Paris, 2011.

Creuser la cire : une activité d'ensemble

Comment les comédiens habitués à l'espace-temps de la représentation théâtrale ont-ils vécu l'expérience de l'enregistrement ? En 1911, le professeur de déclamation Eugène Landry décrit une disruption du jeu chez l'interprète, dès son entrée au laboratoire :

> « Même un homme de métier, un acteur, ne récitera pas toujours le même vers de la même façon. Même un tel homme, tout habitué qu'il est aux exercices préparatoires, et quelques efforts qu'il fasse pour se mettre dans l'humeur nécessaire, répétant à vide, fermant les yeux, etc. *sera souvent intimidé ou troublé dans un laboratoire et devant un appareil*[37]. »

Les conditions matérielles et le positionnement devant le pavillon nécessitent une préparation physique et psychique du comédien. D'ailleurs, selon Landry, ces exercices préparatoires provenant de la scène ne sont pas adaptés au déroulement de la séance d'enregistrement phonographique. Dans un premier temps, il semble important d'exposer certains éléments de l'environnement, des principes et des pratiques qui organisent ces séances afin de pouvoir mieux contextualiser cette réaction troublée du comédien. Landry publie son étude au début du XXe siècle, mais il s'agit d'aborder la période antérieure à 1900 avant que le procédé de la duplication ne soit mis au point et que l'industrie des phonogrammes ne soit pleinement développée.

L'ensemble des pratiques d'une séance d'enregistrement et la configuration des participants s'élabore autour de l'appareil. Creuser une matière, fabriquer un cylindre, créer une représentation sonore inédite : ceci en constitue l'activité principale. Les enregistrements sont réalisés dans des espaces clos. Avant 1900, ces endroits sont souvent incommodes et sans ventilation. On note l'effort fait pour contrôler l'acoustique de ces espaces et créer un effet d'isolement :

---

37. Eugène LANDRY, *La théorie du rythme et le rythme du français déclamé, avec une étude expérimentale de la déclamation de plusieurs poètes et comédiens célèbres, du rythme des vers italiens et des nuances de la durée dans la musique*, Thèse pour le doctorat ès lettres, Université de Paris, Faculté des lettres, H. Champion, Paris, 1911, p. 18. Je souligne. Landry a incorporé les phonogrammes des voix des comédiens français dans ses analyses de la déclamation. En 1908, Mounet-Sully enregistre un poème pour Landry.

les fenêtres restent fermées pour éviter que les bruits de l'extérieur n'entrent, ou inversement que les sons des artistes ne soient trop dispersés. En 1898, la Compagnie générale du phonographe — fondée par les frères Pathé et située au 98 rue de Rivoli à Paris — consacre les derniers étages du bâtiment, les plus loin possible de la rue, à l'enregistrement phonographique. Un article publié dans *l'Illustration* en août 1889 décrit le caractère bricolé et peu attirant de ces pièces : « et nous voilà parcourant un dédale de pièces, d'égales dimensions, dont chacune est encombrée de matériel et n'a guère pour mobilier qu'un piano et quelques sièges rudimentaires[38] ».

Au centre du dispositif, on retrouve l'appareil. Rappelons certains de ses composants principaux en citant une description provenant du catalogue de vente *Prix courant n°1* de la Compagnie générale (Pathé) apparu en 1899 :

> « Les Phonographes ou Graphophones (le nom importe peu) sont des appareils composés d'un cylindre conique en métal, tournant sur son axe et mis en mouvement, soit par un ressort que l'on remonte à l'aide d'une clef comme un réveil, soit par un moteur électrique actionné par des accumulateurs, soit enfin par un contrepoids.
>
> Sur ce cylindre... on engage un manchon en cire composée spécialement à cet effet, et c'est sur ce manchon ou rouleau que doivent se graver ou enregistrer la parole, les sons, les chants, la musique, etc.
>
> Le Diaphragme, petit instrument formé d'un disque rond percé d'un trou au milieu et terminé par un bout de tube, est l'organe qui sert à enregistrer et à reproduire le son. Sur la partie plate du disque est disposée une plaque de cristal très mince assujettie par des rondelles en caoutchouc et maintenue par un écrou métallique vissé.

---

38. *L'Illustration : journal universel,* août 1889, repris dans Paul CHARBON, *L'aventure des frères Pathé. Du coq au Saphir,* L'Harmattan, Paris, 2013, p. 59. André COEUROY et G. CLARENCE notent qu'en France, les premiers locaux pouvaient être de simples sous-sols aménagés pour l'occasion (*Le phonographe,* 3e éd., Éditions Kra, Paris, 1929, p. 29). D'autres exemples incluent la salle austère qui accueille Cécile Sorel pour son enregistrement pour les « Archives de la parole » installée au deuxième étage, salle V de la Sorbonne, en 1911, et financée par les frères Pathé, voir : Paul CHARBON, *op. cit.* p. 222.

> Au milieu de la plaque de cristal est fixée une pierre fine très dure, appelée saphir. Ce saphir est taillé en biseau coupant pour le diaphragme enregistreur ;
>
> pour le diaphragme reproducteur, le saphir est, au contraire, arrondi et poli, de façon à glisser sur la cire et suivre les sinuosités produites par le son sans les altérer[39]. »

Ce phonographe est une matérialisation du principe du mécanisme tympanique. Ce principe est fondé sur une nouvelle théorie du mécanisme de l'oreille et sur la conception des fréquences comme dénominateur de base de tout son, provenant des recherches en physique et en physiologie. De tels postulats ont eu un effet sur le statut et l'usage de la voix. Le site de production du son notamment n'est plus localisé dans la voix mais dans l'oreille. « Les fréquences sont les fréquences — à entendre grâce aux oreilles » explique Jonathan Sterne, « la parole et la musique deviennent des exemples spécifiques du son, lui-même étant un effet reproductible[40] ». Le laboratoire du phonographe à la fin du XIXe siècle devient un lieu à partir duquel on peut observer une modulation épistémologique du son. L'attention centrale porte toujours sur les actions de cette oreille surdimensionnée, et le bon fonctionnement de son tympan mécanique construit de métal, ébonite, bois, caoutchouc, cristal et cire.

Le phonographe à la fin du XIXe siècle n'est aucunement automatique ; une intervention humaine constante est nécessaire. Une équipe de plusieurs techniciens travaille de chaque côté du pavillon : soit on surveille la tête de lecture et la vitesse du moteur en train de graver la matière ; soit on reste derrière le comédien pour s'assurer qu'il est bien situé par rapport au pavillon. Les capacités de la machine et les objectifs de production nécessitent absolument une configuration des corps qui rompt avec les traditions des scènes musicales et théâtrales. On reconfigure de façon radicale la distance entre objets et hommes : on travaille très proche les uns des autres, les artistes aux côtés des techniciens. On réduit les ensembles musicaux et on modifie les arrangements des instruments. De plus l'acteur risque

---

39. Compagnie générale des cinématographes, phonographes et pellicules, *Prix courant n° 1 et répertoire des cylindres enregistrés à l'usage des familles et des institutions : année 1899*, Pathé, Paris, 1899, reproduit dans Paul CHARBON, *op. cit.*, p. 42.

40. Jonathan STERNE, *Une histoire de la modernité sonore*, traduit par Maxime Boidy, Éditions de la Decouverte / Philharmonie de Paris, p. 107.

de ne pas être le premier à parler : « Avant chaque morceau, cet opérateur "vêtu d'une longue blouse blanche" annonce "de sa plus belle voix" le titre de l'œuvre[41] ». En ce qui concerne le phonographe, un comédien peut se trouver même physiquement manipulé (poussé ou retiré) par un technicien lors de l'enregistrement[42]. Ces aspects du dispositif d'enregistrement délimitent concrètement un nouveau positionnement de l'acteur dans l'ensemble, un arrangement qui bouleverse de plusieurs façons les repères habituels du monstre sacré.

La tête dans le pavillon : leçons sensorielles de l'objet lui-même

Qu'entend le comédien quand il se met devant le phonographe ? Comment se rendre compte de l'expérience sensorielle de cet objet technique ? À quoi sert-il de réfléchir au rythme de son fonctionnement et au détail de sa matérialité ?

Si on retrouve certains documents permettant de dessiner les grandes lignes de la séance phonographique, ils proviennent souvent des pédagogues de la voix, des techniciens, des conférenciers ou des entrepreneurs. Les témoignages des comédiens sont plus difficiles à repérer – ces derniers restent plutôt muets sur l'expérience d'enregistrement leurs voix. Comment se rendre compte des capacités affectives du phonographe sur le comédien ? L'approche historico-anthropologique du « *reenactment* » permet d'ouvrir d'autres perspectives par lesquelles on peut réfléchir la matérialité du phonographe.

Le 27 septembre 2015, j'ai participé à une démonstration technique du phonographe dans une ancienne salle de conférence au Technische Universität de Berlin avec Aleks Kolkowski (artiste et historien spécialisé dans les médias sonores)[43]. Notre public était largement composé d'historiens de la science et de la technologie. Sur le petit proscénium en bois, A. Kolkowski a installé son phonographe : le mo-

---

41. Je cite encore la page de publicité rédactionnelle du magasin Pathé, rue de Richelieu publié dans *L'Illustration : journal universel,* août 1899, dans Paul Charbon, *op. cit.,* p. 58.

42. Le film américain *Two Sisters from Boston*, réalisé par Henry Koster, Metro-Goldwin-Meyer, 1946, met en scène le laboratoire du phonographe, en représentant d'une façon comique les interactions entre le chanteur d'opéra, les opérateurs et l'appareil enregistreur.

43. Voir le projet « Phonographies » d'Aleks Kolkowski qui à partir de 2012 a établi une nouvelle archive sonore constituée des enregistrements de voix contemporaines (celles des écrivains, artistes et musiciens) effectués sur un phonographe, URL : http://www.phonographies.org/about/aleks-kolkowski [consulté le 7 février 2018].

dèle « fireside », un appareil datant de 1909 et fabriqué par la compagnie d'Edison. Les autres accessoires pour l'enregistrement — des cylindres vierges, deux pavillons coniques, des diaphragmes et des stylets, des outils incluant un sèche-cheveux — étaient mis sur une petite table derrière l'appareil. Mon rôle était de « jouer » l'artiste dans sa première rencontre avec la machine. Après quelques instructions d'A. Kolkowski et *sans aucune répétition* devant la machine, je me lance dans l'enregistrement d'une courte chanson, « *Honey Bun* »[44] (qui fait partie depuis longtemps de mon répertoire) sur un cylindre de cire. L'enregistrement dure une minute trente secondes. Voici quelques remarques brèves de mon premier face à face avec le phonographe :

> « Gestes préparatoires. Avant l'entrée du public, j'attends un peu éloignée de l'appareil. Je regarde Aleks qui jouerait le double rôle du « conférencier » et de l'"opérateur" lors de cette démonstration. Il se penche au-dessus de la machine : il vérifie l'action du moteur ; il évalue le type de diaphragme et de stylet monté sur la tête du lecteur. Il dirige le sèche-cheveux vers le cylindre vierge afin que la cire soit suffisamment souple pour être correctement gravée. Ensuite il approche le pavillon.
>
> *S'enregistrer.* Une fois le public assis, Aleks me demande de venir me mettre devant l'appareil, et me prend par les épaules pour me positionner à bonne distance du pavillon. "Aux débuts de la phonographie, explique-t-il, on a parfois poussé ou reculé l'artiste pendant qu'il proférait pour éviter un effet de saturation ". Il me fait reculer encore un peu et conseille : "il faudrait parler fort et articuler clairement, ne pas aller trop vite, ne pas trop bouger".
>
> Aleks retourne derrière l'appareil. Il lance le moteur qui établit un bruit constant, un rythme de fond. Puis il s'approche lui-même du pavillon et fait le bonimenteur, s'exclamant : "Nous sommes dimanche 27 septembre 2015, au Technische Universität de Berlin". S'ensuit une pause. Il retourne derrière la machine. Je reprends ma place devant le pavillon. Je me demande si je suis à la bonne place... Je respire... bourdonnement du moteur... je chante.

---

44. « *Honey Bun* » était composé pour la comédie musicale *South Pacific* (qui a eu son début sur Broadway en 1949). Elle est le fruit du partenariat mythique de Richard Rodgers (musique) et d'Oscar Hammerstein II (paroles).

Ma bouche est dirigée vers le tunnel noir, fabriqué d'aluminium léger. Mon visage est positionné à l'entrée du pavillon, encadré par sa forme ronde. Où dois-je mettre le regard ? Mieux vaut regarder en haut pour éviter la distraction du diaphragme, du moteur tournant. J'entends très mal. L'acoustique est étouffée dans cet espace. Pas de résonnance. Toujours ce bruit de moteur. Et je discerne les mouvements d'Aleks qui pendant ce temps surveille le cylindre. De très fins lambeaux de cire s'accumulent autour du stylet pendant l'inscription – et Aleks utilise une petite brosse pour les enlever.

J'ai l'impression de chanter devant un mur. J'espère que je chante assez fort. Je me penche en avant dans une position incommode et maladroite, en me mettant les mains sur les genoux. J'essaie pendant que je chante de tenir ma tête immobile. La chanson terminée, Aleks capture le bruit des applaudissements de la foule avant d'arrêter le moteur. Il y a une très légère odeur de brûlé.

Le play-back. Aleks laisse reposer le cylindre quelques instants. Il change le pavillon, en choisissant un « cornet de concert » en cuivre avec une ouverture plus large, datant de 1900. Il relance le moteur et on écoute tous ensemble la restitution. Ma voix est transformée quand elle ressort du pavillon. Elle est dotée d'une qualité autre, les hautes fréquences y sont accentuées. Je repense aux descriptions historiques de la voix phonographiée comme ayant "un timbre nasillard de mirliton des notes affaiblies et enrouées de ventriloque[45]". La voix fait partie de la sonorité de la matière, elle fait surface. »

Si notre exercice de « *reenactment* » fait référence au dispositif du laboratoire, sa forme ressemble plutôt aux démonstrations techniques du phonographe qui avaient lieu à Paris à partir des années 1870[46]. Comme au laboratoire, dans les démonstrations publiques c'est le procédé technique qui attire l'intérêt du public.

---

45. *L'Illustration : journal universel*, août 1899, dans Paul CHARBON, *op. cit.*, p. 58.
46. À Paris, ces démonstrations avaient lieu sur les petites scènes de conférence de la science popularisée (sur les Boulevards) ; dans les magasins de vente (comme le salon du phonographe Pathé qui ouvert le 28 octobre 1898 au 26 boulevard des Italiens) ; aux Expositions universelles (celles de 1878, 1889, 1900) ; aux foires.

Dès l'apparition du phonographe en 1878 les deux fonctions d'« écrire » un son et de le « lire » sont effectuées sur le même appareil. Les premières démonstrations techniques montrent que ces deux fonctions, leurs modalités et leurs sonorités respectives sont alors liées matériellement. Notre exercice de « *reenactment* » a bien démontré qu'on accorde autant d'attention à la gravure du son sur le support qu'à la restitution audible de la trace[47]. Avant 1900 un marché abordable des appareils pour une consommation générale n'était pas encore établi et la capacité de dupliquer des cylindres était très limitée. Ceci fait que l'expérience du son enregistré demeure liée au moment de sa fixation — et c'est *une expérience unique*, voire éphémère[48]. C'est la production de cette ligne qui fait son[49] qui est le spectacle. Ceci est symptomatique de nouvelles règles de la représentation au XIXe siècle qui visent à réduire l'écart entre la signification d'un objet et l'objet lui-même. Si au XVIIIe siècle on cherchait à représenter la « vraisemblance », au XIXe siècle on cherchait à représenter la « vérité » ou « la chose qui avait eu lieu[50] ».

Ces nouvelles stratégies de la représentation (scénique) soulignent le lien entre des méthodes expérimentales élaborées pour la production du savoir scientifique et la société du spectacle au XIXe siècle[51]. Ce contexte devrait être pris en compte dans l'analyse

---

47. Dans *La main passe* (1904) comédie de Georges FEYDEAU, l'acte de graver un cylindre est au centre de l'intrigue.

48. Voir Lisa GITELMAN, *Scripts, Grooves, and Writing Machines: representing technology in the Edison Era,* Stanford University Press, Stanford, 1999.

49. Voir la proposition de Bastien GALLET qui réfléchit à l'expérience du phonautographe qui a produit cette « ligne qui fait son » dans les années 1860 par son rapprochement des pratiques d'interprétation des partitions contemporaines : « Toute partition est un dessin. Les phonautogrammes de Léon Scott et le *Treatise* de Cornelius Cardew », dans *Partition(s)—Objets et concepts des pratiques scéniques (20e et 21e siècles),* sous la direction de Yvane CHAPUIS et Julie SERMON, Presses du réel, Paris, 2016, pp. 385-398.

50. Pour une perspective historiographique de cette modulation des modes de représentation au XIXe siècle, voir Carolyn STEEDMAN, *Dust* : the archive and cultural *history,* Rutgers University Press, New Brunswick, N.J., 2002, p. 76.

51. Simon SCHAFFER aborde cette question de la représentation du processus dans « Transport phenomena : Space and visibility in Victorian physics », *Early Popular Visual Culture,* vol. 10, n° 1, février 2012, 71-91. L'article explore l'usage des projecteurs en tant qu'outils d'investigation scientifique dans des expériences de la physique, notamment celles de John Tyndall et de Charles Vernon Boys.

des façons dont le phonographe fonctionne en tant qu'objet technique-objet théâtral, surtout pour la coordination de nouvelles pratiques corporelles.

En tant qu'outil méthodologique, ce « *reenactement* » m'a permis de mieux distinguer les contours du rapport entre le comédien et le phonographe. Les contraintes techniques du phonographe nécessitent que le comédien se rapproche de l'appareil et reste immobile. Dans une telle posture physique, on prend conscience des particularités du fonctionnement de l'objet. Effectivement les sensations tactiles, visuelles, audibles et olfactives de cette expérience ont multiplié les registres avec lesquels on peut saisir la matérialité de l'objet et comprendre ses effets sur la technique corporelle de l'acteur lors de l'enregistrement. Il devient possible de discerner la dynamique des échanges entre manipulateur et objet technique[52]. Cet « arrêt » devant le pavillon en effet désigne un espace dans lequel un nouveau travail vocal sera conçu. Équipés de toutes ces données détaillées sur le dispositif technique et sur le processus même, entrons une fois de plus dans le laboratoire pour étudier la reconfiguration de la voix l'intérêt de cette écoute immobile pour le théâtre moderne.

Le corps immobile : « *parler juste dans un mouvement corporel faux*[53] »

La présence du monstre sacré au laboratoire avant 1900 est plutôt exceptionnelle. Ceci est lié au fait que la plupart des enregistrements produits dans la décennie 1890-1900 en France sont faits par des interprètes anonymes ou peu connus – un fait dû principalement à l'incapacité technique de réaliser des copies en nombre. Du fait de la contrainte des cylindres uniques, il est plus facile d'enregistrer une même chanson avec plusieurs interprètes différents (qui peuvent être des débutants), ou d'embaucher des artistes pour enregistrer conti-

---

52. Émilie Charlet aborde le rôle de la matérialité dans la constitution des techniques corporelles : « Parce qu'il contient sa propre discipline, chaque objet semble ainsi offrir au manipulateur une gamme spécifique de mouvements et de rythmes qui façonnent en retour son propre corps. L'objet éduque mais n'aliène pas : matérialité sourde et bornée, la contrainte qu'il impose engage l'artiste à chercher le libre jeu face à ce qui s'impose et asservit. (« S'embarraser de l'objet », dans Dossier *Pour une archéologie de l'objet théâtral*, *Agôn* [en ligne], n°4, 2011, mis à jour le : 03/02/2012, consulté le 15/02/2018, URL : http://agon.ens-lyon.fr/index.php?id=2152).

53. Béatrix Dussane, *Au jour et aux lumières, op. cit.*, p. 235.

nuellement en boucle les mêmes morceaux. Bruno Sébald (expert de l'histoire de la phonographie en France) décrit cette difficulté technique et des systèmes bricolés pour obtenir plusieurs cylindres pendant une seule prestation :

> « Avant 1900, la duplication étant impossible, il faut fabriquer en une journée le maximum de cylindres. Pour cela, plusieurs appareils peuvent enregistrer en même temps : soit chaque appareil a son propre pavillon, soit un tube acoustique part de chaque machine pour aboutir à un gros pavillon. Surtout, les prises se succèdent pendant une douzaine d'heures, avec la différence de qualité qu'on imagine entre le début et la fin de la journée[54]. »

Effectivement, la posture tenue par l'artiste du phonographe, devant ces appareils demande une ténacité corporelle. La voix de Charlus, chanteur de café-concert, est dotée d'une qualité « phonographique ». Il devient très tôt un artiste du nouveau média. Dans ses mémoires, Charlus fait référence à l'activité de répétition, en se vantant : « C'est ce que l'on voudra bien admettre quand j'aurai dit que j'ai été enregistré chez Pathé plus de *quatre-vingt mille fois,* répétant jusqu'à deux mille fois la même chanson »[55]. Charlus continue sa description du métier en évoquant à son tour ce système des appareils : « Quand je commençai mon 'travail' au phonographe, en 1896, on enregistrait trois cylindres d'un coup. Il y avait pour cela trois appareils fonctionnant ensemble dans la salle d'enregistrement, reliés par des tubes en caoutchouc à un seul pavillon devant lequel chantait l'interprète »[56].

Dans son portrait de la maison Pathé en 1889, le chroniqueur de l'*Illustration* souligne surtout la difficulté physique de la pratique devant ce mur de plusieurs pavillons :

> « Tous ces artistes gravent des rouleaux en enregistrement direct, la bouche placée au plus près de quatre pavillons reliés par des tuyaux en caoutchouc à des graphophones

---

54. Bruno SEBALD, « L'édition du disque », *Revue de la Bibliothèque nationale de France,* n° 33, 2009, pp. 30-41. p. 31.

55. *J'ai chanté... Souvenirs de Charlus,* recueillis et présentés par J.-M. GILBERT, *Le progrès de l'Oise,* Compiègne, 1950, p. 39

56. *Ibid.*

à moteur électrique. Et pendant des journées entières, ces malheureux répètent inlassablement, pour un salaire de cinquante centimes à un franc, la dernière scie à la mode »[57].

Le médium phonographique exige alors des artistes qui ont une voix « phonogénique », définie selon des critères de timbre, de clarté, d'une diction monotone et d'endurance. La répétition physique devant un ou plusieurs appareils accentue la présence de la machine et la constitution d'un espace clos : on profère avec le visage touchant presque l'objet. Un article publié dans le *New York Times* en février 1891 donne des conseils aux artistes intéressés : il faudrait éviter un effet de mélodrame en mettant trop de pathos dans la voix ou s'imaginer être sur scène, en faisant des gestes trop exagérés. Les différences de cette technique de profération avec celles de l'art de la scène sont notables, surtout parce que l'*on interdit le mouvement corporel* :

> « Le ton devrait être naturel et les mots distinctement énoncés. L'articulation est un élément très important pour s'assurer de bons résultats. Le chanteur devrait *se tenir immobile* à une certaine distance du récepteur, et chanter fortement et clairement[58]. »

Dans la même veine, l'actrice Béatrix Dussane observe l'effet disruptif de ces nouveaux paramètres sur les techniques incorporées chez le comédien :

> « Il leur a fallu apprendre à ne pas tourner la tête vers leur partenaire, même dans le dialogue le plus direct ; à se reculer loin du micro au moment où leur personnage élève le ton ; *c'est-à-dire à parler juste dans un mouvement corporel*

---

57. *L'Illustration : journal universel*, Août 1899, dans Paul CHARBON, *op. cit.*, p. 59.

58. « Loading the Phonograph », *New York Journal*, 15 février 1891, ma traduction. Je souligne. L'article est cité dans Patrick FEASTER, *The following record: making sense of phonographic performance, 1877-1908*, thèse de doctorat, Indiana University, UMI, Bloomington, 2007, p. 235. « Many of the applicants want to throw a cartload of pathos into their voices, or sing in a stagy tone and strut about melodramatically, as if they were before an audience. That won't do at all. The tone must be natural, and the words distinctly spoken. Articulation is a very important element in securing good results. The singer must stand still at a certain distance from the receiver, and sing loudly and clearly ».

faux. Il leur a fallu surtout à cette époque d'outillage encore relativement insuffisant, restreindre la courbe mélodique des intonations, et supprimer les éclats de sonorités[59]. »

Dussane fait référence au jeu du micro, mais la coïncidence avec les descriptions du jeu du phonographe est notable. D'une technologie à l'autre, on note surtout la perpétuation de cette posture statique, de cette tête immobile qui tout à la fois dérange les gestes habituels et incite à une prise en main de l'appareil par un travail vocal inédit. La nouvelle écoute du comédien est bien corporelle et réflexive. Elle intervient dans les ajustements continuels et infimes de la voix par rapport à l'objet. Elle semble scruter les espaces de résonance ou mesurer l'élasticité de la matière phonographique.

Épilogue : le phono-masque d'Ubu

Alfred Jarry imagina un nouveau masque pour l'acteur moderne, un masque vocal déformant, d'où émergerait la voix d'Ubu. Avant le « premier essai » du masque qui enfermait la tête du comédien Firmin Gémier le 10 décembre 1896 dans la salle du Nouveau Théâtre de la rue Blanche, Jarry apparaît lui-même sur le proscenium. Jouant le rôle du conférencier il expose le nouvel objet théâtral qui devait produire une voix spéciale :

> « Il va sans dire qu'il faut que l'acteur ait une voix spéciale, qui est la voix du rôle, comme si la cavité de la bouche du masque ne pouvait émettre que ce que dirait le masque, si les muscles de ses lèvres étaient souples. Et il vaut mieux qu'ils ne soient pas souples, et que le débit dans toute la pièce soit monotone[60]. »

La voix d'Ubu est phonographique. L'acteur n'est plus reconnaissable, car le rôle de sa voix et de l'écoute de cette voix ne correspond plus à celle du « théâtre singulier » du monstre sacré. Par cette véritable greffe du masque rigide à la bouche, Jarry annonce le nouveau mode de représentation : il efface l'écart entre le comédien et le rôle et il module du geste conventionnel du mime au geste

---

59. Béatrix Dussane, *Au jour et aux lumières, op. cit.*, p. 235.
60. Alfred Jarry, « De l'inutilité du théâtre au théâtre » [septembre 1896], Œuvres complètes, t.1, Bibliothèque de la Pléiade, Gallimard, Paris, p. 409.

universel du marionnette[61]. Pour Jarry, le phonographe avec sa voix de polichinelle et sa présence à la foire est une extension moderne du mirliton et du pantin (objets théâtraux anciens) sur lesquels Ubu a été construit[62]. Le débit monotone est la seule voix possible pour annoncer l'arrivée de l'objet technique sur le plateau et le début du théâtre moderne.

Spécialiste de l'histoire culturelle et matérielle du son, **Melissa Van Drie** mène un travail à la croisée du théâtre, de l'histoire des sciences et de la musique. Associée à Trinity Hall College, elle a été postdoctorante à Paris au sein du LabEx « Création, Arts, Patrimoine » (Paris-Sorbonne / EHESS) et du projet ANR « ECHO » (CNRS / BnF) puis à l'Université de Cambridge, département de musique, au sein du projet ERC "Sound and Materiality in the 19th Century", dans le cadre duquel a été publié cet article. Récemment, elle a fait paraître : « Hearing through the theatrophone: sonically constructed spaces and embodied listening in late 19th century French theatre » (2015) *Sound Effects Journal,* 5 (1) ; et avec Anna Harris, « Sharing sound: teaching, learning and researching sonic skills » (2016) *Sound Studies an Interdisciplinary Journal* 1(1): 97-117.

---

61. Alfred Jarry, *op. cit.,* p. 408.
62. Pour une analyse plus approfondie sur l'exploitation du phonographe par Jarry dans sa constitution du masque moderne, voir Melissa Van Drie, "Des modèles phonographiques pour de nouvelles voix théâtrales : Sarah Bernhardt, Alfred Jarry" *Voix, Words, Words, Words. Théâtre/Public,* n° 201, Juillet-Sept 2011, pp. 46-50.

TÉLÉPHONE, MICROPHONE ET MÉGAPHONE : L'OBJET TECHNIQUE ET LA VOIX À L'OPÉRA

Caroline Mounier-Vehier

Une femme traverse l'espace d'un air concentré, parmi les passants. Coiffée d'un chignon banane, vêtue d'un tailleur jupe gris strict et juchée sur des talons hauts, elle correspond au stéréotype de la femme d'affaires, ce que confirme le téléphone qu'elle tient contre son oreille. Nous pourrions la croiser dans notre vie quotidienne, mais l'espace qu'elle arpente est une scène d'opéra : elle se trouve dans le décor de la gare où Raoul de Gardefeu et Bobinet attendent Métella, dans *La Vie parisienne* mise en scène par Laurent Pelly[63]. Le détail est moins anecdotique qu'il n'y paraît : un téléphone, appareil de transmission de la voix, est mis en jeu sur une scène d'opéra. Objet technique de petite taille, dépourvu de toute caractéristique extraordinaire, le téléphone contraste avec les moyens techniques spectaculaires que la scène d'opéra contemporaine affectionne. De plus, parmi ces derniers, les techniques visuelles sont les plus fréquentes : nombre de mises en scène contemporaines sont construites avec des images vidéos, souvent tournées en direct et projetées sur de grands écrans. Les moyens techniques sonores, plus rares, sont pourtant aussi intéressants pour deux raisons. D'une part, contrairement aux dispositifs vidéos qui s'apparentent davantage à des éléments de décor très perfectionnés, ils sont souvent mis en œuvre grâce à des objets manipulés par les chanteurs. D'autre part, ils entretiennent un

---

63. Jacques OFFENBACH (musique), Henri MEILHAC et Ludovic HALÉVY (livret), *La Vie parisienne* [version en quatre actes de 1873], direction musicale Sébastien ROULAND, mise en scène Laurent PELLY, Lyon, Opéra de Lyon, 2007.

rapport étroit avec une caractéristique essentielle du genre : le texte est chanté et accompagné de musique instrumentale.

Il n'y a *a priori* aucune place à l'opéra pour des objets techniques sonores utilisés en tant que tels : le chanteur d'opéra projette sa voix et, à la différence du chanteur de variété par exemple, chante sans microphone. Quand toutefois un dispositif d'amplification du son est mis en place, dans certaines grandes salles, pour pallier des problèmes acoustiques, cela n'est censé influer ni sur le jeu, ni sur le chant et, surtout, ce n'est pas visible (et ne devrait pas être percep-tible) pour les spectateurs. Le recours à un objet technique sonore, en particulier quand le chanteur doit jouer avec, est donc propice à une réflexion sur le travail de la voix à l'opéra. Plusieurs cas de figure peuvent être envisagés, de l'accessoire anecdotique à l'objet devenu un enjeu dramaturgique central, mais aussi du signe muet à l'objet en état de fonctionnement. Tous invitent à s'interroger sur la nature de la voix et sur l'hybridité dont elle peut témoigner, entre réel et fiction, naturel et surnaturel, humanité et animalité. Tous conduisent aussi, plus largement, à s'intéresser aux rapports entre l'homme et la machine.

Chanter au téléphone

Quand l'objet technique n'est qu'un accessoire avec une double fonction de caractérisation d'un personnage et d'actualisation de l'œuvre, son usage est réduit au minimum, comme le téléphone de *La Vie parisienne* mise en scène par Laurent Pelly. Il peut aussi être l'accessoire d'un personnage plus important, par exemple dans la mise en scène de *Don Giovanni* par Michael Haneke[64]. Pendant le célèbre air dit « du catalogue », ce n'est pas sur un rouleau de papier que Leporello consulte la liste des femmes séduites par Don Giovan-ni, mais sur son *smartphone*, identifiable de loin à la lumière qu'il émet. On retrouve la même double fonction que dans le spectacle de Laurent Pelly, développée cette fois sur tout un air : caractérisa-tion d'un personnage (Leporello, assistant du *trader* Don Giovanni) et actualisation de l'œuvre. Cependant, quand Leporello chante, il s'adresse à Donna Elvira, jamais au téléphone. Ce dernier a une fonc-tion visuelle, mais n'est pas le support d'une communication orale.

---

64. Wolfgang Amadeus Mozart (musique) et Lorenzo Da Ponte (livret), *Don Giovanni* [1787], direction musicale Sylvain Cambreling, mise en scène Michael Haneke, Paris, Opéra national de Paris, Palais Garnier, 2006.

L'objet technique peut toutefois aussi occuper une place plus importante, comme en témoigne un autre téléphone, celui de *La Voix humaine* de Francis Poulenc. Créée d'après une pièce en un acte de Jean Cocteau[65], cette « tragédie lyrique[66] » consiste en un long monologue chanté. Une femme, Elle, a une conversation téléphonique avec son amant, qui a décidé de rompre avec elle peu de temps auparavant. Le téléphone est ici un moyen de communication, le support d'une conversation dont on n'entend qu'une partie. Il permet aussi d'introduire des péripéties : le fonctionnement du réseau téléphonique et ses aléas peuvent avoir pour conséquence des difficultés de transmission, voire des ruptures dans la conversation. L'objet lui-même ne produit aucun son : sa sonnerie est jouée par un xylophone (dont c'est le seul usage)[67] et on n'entend jamais les réponses de l'amant à travers le combiné. La situation dramatique invite cependant à jouer avec cet objet, le seul qui permette encore de joindre l'amant, dont il souligne dans le même temps l'absence. Paradoxalement, alors que le téléphone est un appareil de communication, il témoigne ici de l'isolement et de la solitude du personnage. On retrouve ce paradoxe dans *La Vie parisienne* mise en scène par

---

65. Jean COCTEAU, *La Voix humaine* [1930], dans Jean COCTEAU, *Théâtre complet*, Michel Décaudin (éd.), Paris, Gallimard, coll. « Bibliothèque de la Pléiade », 2003, p. 445 à 466. Le texte de la pièce de Cocteau n'est pas repris intégralement dans le livret de l'opéra composé par Poulenc : des modifications ont été apportées au texte par le compositeur lui-même. On peut consulter à ce sujet : Denis Waleckx, « 'A Musical Confession' : Poulenc, Cocteau and *La Voix humaine* » (trad. du français par Sidney Buckland), *in* Sidney Buckland et Myriam Chimènes (dir.), *Francis Poulenc. Music, Art and Literature*, Aldershot, Ashgate, 1999, p. 320 à 347. L'article comporte notamment un tableau indiquant les changements apportés au texte de Cocteau par Poulenc, p. 325 à 328.

66. Comme l'indique le sous-titre de l'œuvre. Denis Waleckx note que ce choix fait référence aux tragédies lyriques de Lully, qui correspondent aux débuts de l'opéra français. *Id.*, p. 331.

67. Dans la version pour voix et orchestre uniquement. Une version pour voix et piano existe également et Francis Poulenc a accompagné lui-même au piano la soprano Denise Duval pour certaines représentations de l'œuvre. On peut consulter à ce sujet : Denis Waleckx, « Poulenc et ses interprètes : le cas particulier de la mélodie et du théâtre lyrique », *in* Alban Ramaut (coordination), *Francis Poulenc et la voix. Texte et contexte. Actes du colloque tenu les 19, 20 et 21 avril 2001 au Musée d'Art moderne de Saint-Étienne (France) dans le cadre des Rencontres vocales en région Rhône-Alpes*, Saint-Étienne, Publications de l'Université de Saint-Étienne, Symétrie, « Musicologie », 2002, p. 1 à 9.

Laurent Pelly. En effet, alors qu'elle se trouve dans un espace public, la femme d'affaires ne prête aucune attention au reste du monde, toute concentrée sur sa conversation téléphonique. Le téléphone apparaît moins comme un appareil de communication que comme le signe d'un repli sur soi, d'un isolement du reste du monde. Par ailleurs, l'usage de l'objet technique souligne également ici le caractère secondaire du figurant : bien que doté d'un outil permettant la communication, le personnage ne s'exprime pas (contrairement à ceux qu'interprètent les chanteurs).

Le livret de *La Voix humaine* prévoit un modèle de téléphone en usage à l'époque de la création de l'œuvre : non pas un *smartphone* polyvalent, mais un téléphone à fil. Volumineux et aisé à repérer sur une scène, cet objet peut aussi représenter un danger dans la « chambre de meurtre »[68] où se trouve Elle, quand cette dernière enroule le fil autour de son cou, évoquant une pendaison[69]. Elle affirme ainsi sa tendresse et son besoin d'amour, mais son geste est menaçant : il indique une possibilité de mettre fin à la fois à l'amour malheureux, à la conversation téléphonique et au chant. Il ne s'agirait pas alors de briser l'appareil, mais de tarir la source de la communication, dont il n'est que le support, en étouffant la voix humaine.

Dans la mise en scène de Krzysztof Warlikowski[70], on aperçoit sur scène un modèle ancien de téléphone noir à cadran rond et à

---

68. Expression employée dans la didascalie liminaire du livret, qui indique : « Le rideau découvre une chambre de meurtre. » Voir Jean COCTEAU, « La Voix humaine », *in* Francis POULENC, *La Voix humaine. Tragédie lyrique en un acte*, texte de Jean Cocteau, Paris, Ricordi, 1959 (aucune indication de pagination). La même expression est déjà présente dans la didascalie liminaire de la pièce de Cocteau : Jean COCTEAU, *La Voix humaine* [1930], *op. cit.*, p. 451. En s'adressant à son amant, Elle désigne d'ailleurs elle-même le téléphone comme une « arme » : « Si tu ne m'aimais pas et si tu étais adroit, le téléphone deviendrait une arme effrayante. Une arme qui ne laisse pas de traces, qui ne fait pas de bruit. » Voir Francis POULENC, *La Voix humaine. Tragédie lyrique en un acte*, *op. cit.*, p. 24 et 25.

69. Elle indique à son amant : « J'ai le fil autour de mon cou. J'ai ta voix autour de mon cou. Ta voix autour de mon cou. » *Id.*, p. 66.

70. Francis POULENC (musique), Jean COCTEAU (livret), *La Voix humaine* [1959], direction musicale Esa-Pekka SALONEN, mise en scène Krzysztof WARLIKOWSKI, Paris, Opéra national de Paris, Palais Garnier, 2015. Dans cette production, *La Voix humaine* est précédée du *Château de Barbe-Bleue* [1918] de Béla Bartók (musique) et Balázs (livret). Le chef d'orchestre et le metteur en scène sont les mêmes pour l'ensemble du dyptique.

fil, mais Barbara Hannigan, qui interprète Elle, ne joue pas avec[71]. Il n'est présent que comme signe, élément de décor rappelant la situation de communication. Sa présence silencieuse et statique peut aussi être perçue comme une allusion ironique à son importance dans la construction dramaturgique de *La Voix humaine* : l'appareil indispensable à la situation dramatique est ici volontairement délaissé par le metteur en scène. Le spectacle nécessite pourtant d'importants moyens techniques, mais ils sont visuels plutôt que sonores. En effet, K. Warlikowski s'intéresse moins à la situation d'énonciation qu'à l'appareil qui émet la voix : le corps de la chanteuse. Cette dernière, silhouette fragile déséquilibrée par d'immenses talons aiguille, est filmée et son image est retransmise sur grand écran. Ce procédé est caractéristique des pratiques de mise en scène de K. Warlikowski : alors que l'œuvre de Poulenc est construite autour de la voix, élément sonore, le metteur en scène tient à distance le téléphone et la question du son pour mettre en scène des images, qui prennent ainsi davantage d'importance. La construction des images scéniques infléchit, silencieusement mais sensiblement, le sens de la fable. Ainsi, l'entrée en scène d'Elle, armée d'un revolver, puis l'arrivée d'un homme, blessé au ventre, les vêtements ensanglantés, modifie la compréhension de la situation dramatique : Elle n'est pas au téléphone, mais parle à l'amant qu'elle vient de blesser, peut-être de tuer. La « chambre de meurtre » n'est plus alors celle de la mise à mort symbolique d'Elle, au téléphone, par son amant, mais celle dans laquelle Elle a elle-même voulu tuer cet amant. L'association, pour ce spectacle, de *La Voix humaine* avec *Le Château de Barbe-Bleue* de Bartók et la corrélation établie entre les deux œuvres par la mise en scène renforcent cet infléchissement.

À l'inverse, Marina Bollaín[72] propose une transposition contemporaine dans laquelle l'objet technique reprend toute son importance. Dans sa mise en scène, un *smartphone* est posé sur le sol de la chambre d'Elle, interprétée par Armelle Morvan. Ce n'est toutefois pas le seul

---

71. Le téléphone a pourtant été utilisé comme accessoire de jeu au cours des premières répétitions. Voir « Portfolio. Répétitions du *Château de Barbe-Bleue / La Voix humaine* », in *Le Château de Barbe-Bleue (Béla Bartók) / La Voix humaine (Francis Poulenc)*, programme de salle, Paris, Opéra national de Paris, 2015, p. 108 et 109.
72. Francis Poulenc (musique), Jean Cocteau (livret), *La Voix humaine* [1959], piano Álvaro Corral, mise en scène Marina Bollaín, Madrid, Fundación Juan March, 2016.

moyen de communication du personnage, qui dispose aussi d'un ordinateur portable, un MacBook Air argenté dont la pomme lumineuse scintille face aux spectateurs[73]. La communication devient ainsi à la fois orale et visuelle. En effet, Elle peut s'adresser à son amant à travers l'écran : elle le voit et elle est vue de lui. Un jeu de scène l'explicite quand elle retourne l'ordinateur pour échapper à sa caméra et se soustraire à la vue de son amant[74]. L'ordinateur devient progressivement le substitut de l'amant absent[75], dont il transmet la voix, mais aussi l'apparence et auquel il prête un regard. Il peut également lui prêter sa matérialité, quand Elle s'allonge sur le dos et le serre contre elle[76].

La transposition conduit à renoncer à certains jeux de scène demandés par le livret. Ainsi, en l'absence d'un téléphone à fil, la menace de la pendaison disparaît[77]. Le choix d'un ordinateur portable présente néanmoins d'autres intérêts. Il permet d'abord de situer l'intrigue dans une époque précise : le téléphone de la fin des années 1950 a laissé place à un ordinateur portable des années 2010. En tant que moyen de communication, sa principale différence avec un téléphone des années 1950 est de permettre une communication visuelle et non pas seulement sonore. Par rapport au *smartphone*, qui offre aujourd'hui la même possibilité, l'ordinateur a en outre un avantage : il permet une actualisation du moyen de communication en évitant l'écueil que représenterait la taille d'un téléphone portable, petit et difficile à repérer sur une scène d'opéra pour les spectateurs. Par ailleurs, jamais ces derniers ne voient l'écran de l'ordinateur, qui

---

73. Les premiers échanges téléphoniques, avec une opératrice de la société de communication, se font par le biais du téléphone, tandis que l'appel de l'amant est transmis par l'ordinateur. La sonnerie est toutefois la même dans les deux cas.

74. Elle chante à ce moment-là : « Oh ! non, mon chéri, surtout ne me regarde pas. » Voir Francis POULENC, *La Voix humaine. Tragédie lyrique en un acte*, *op. cit.*, p. 21.

75. Ce que suggère déjà le livret, par exemple quand Elle explique à son amant : « J'ai dormi. Je m'étais couchée avec le téléphone... Non, non. Dans mon lit. Oui. Je sais. Je suis très ridicule, mais j'avais le téléphone dans mon lit et malgré tout, on est relié par le téléphone. Parce que tu me parles. » *Id.*, p. 47 et 48.

76. Ce moment correspond à l'évocation d'un moment de tendresse passé : « Tu sais, quelquefois quand nous étions couchés et que j'avais ma tête à sa petite place contre ta poitrine, j'entendais ta voix, exactement la même que ce soir dans l'appareil. » *Id.*, p. 42 et 43. La situation est cependant inversée : c'est cette fois l'ordinateur, substitut de l'amant, qui est posé contre la poitrine d'Elle.

77. Le jeu de mots visuel avec l'expression lexicalisée être pendu au téléphone disparaît aussi.

a aussi une autre fonction : c'est une source lumineuse, qui éclaire la chanteuse penchée vers lui d'une lumière blafarde, accentuant l'angoisse qu'exprime son visage[78]. Enfin, si l'ordinateur n'est pas utilisé en tant que tel (ses fonctions propres ne sont pas mises en œuvre), il introduit des problématiques liées à la place des écrans et aux relations humaines dans la société contemporaine[79].

La confrontation de ces deux exemples permet d'interroger la relation de l'homme à la machine. Dans la mise en scène de K. Warlikowski, le corps de la chanteuse, qui émet le chant, a plus d'importance que le téléphone. La femme se donne en spectacle au point d'en faire oublier l'existence d'un téléphone : l'objet disparaît derrière le corps, d'où surgit la voix. Ce sont cependant d'autres moyens techniques (caméras, écrans) qui permettent de mettre le corps en valeur. Dans le spectacle de M. Bollaín, au contraire, l'objet technique occupe une place beaucoup plus importante. La femme forme un couple surréaliste avec son ordinateur, devenu le centre de sa vie et le substitut de son amant. Dans les deux spectacles, cependant, confrontée à l'inhumanité d'un objet qui témoigne moins d'un retour possible que de l'absence de l'amant, la voix humaine finit par se taire.

La voix lyrique d'une poupée mécanique

Un personnage peut être lui-même un objet technique. C'est le cas d'Olympia, la poupée mécanique des *Contes d'Hoffmann* d'Offenbach. Ce personnage est une machine, plus précisément un automate, que Hoffmann, après avoir chaussé des lunettes trompeuses, confond avec un être humain. Hoffmann est ébloui par la beauté et les qualités de celle qu'il pense être une jeune femme et dont les prouesses vocales, en particulier, sont mises en valeur dans un air célèbre, « Les oiseaux dans la charmille[80] », dit aussi la

---

78. Ainsi éclairé, marqué sous les yeux par des coulées de maquillage noir qui indiquent qu'elle a pleuré, le visage de la chanteuse peut évoquer un masque tragique.

79. De ce point de vue, le spectacle n'est pas sans rappeler le film *Her* [*Elle*] de Spike Jonze (États-Unis, 2013), dans lequel un homme, Theodore, tombe amoureux d'une intelligence artificielle, Samantha. Comme pour Elle et son amant, la relation amoureuse est condamnée à être vécue par l'intermédiaire d'une machine, à ceci près que Samantha n'existe pas indépendamment des machines qui lui permettent de fonctionner.

80. Au sujet de la place d'Olympia dans les *Contes d'Hoffmann* et de ce qu'elle peut représenter dans la société française du XIXe siècle, on peut consulter : Heather Hadlock, *Mad Loves. Women and Music in Offenbach's* Les Contes d'Hoffmann, Princeton et Oxford, Princeton University Press, 2000.

« Chanson d'Olympia ». Composé pour une soprano colorature, cet air est exigeant tant du point de vue de la technique vocale que du jeu. En effet, alors qu'Olympia exhibe sa virtuosité vocale, la mécanique se grippe et la voix semble faire de même. La poupée, dont le caractère artificiel et mécanique est ainsi mis en évidence, doit être réparée avant de pouvoir reprendre sa chanson et ses pirouettes vocales. Dans la fable, Olympia est une chanteuse extraordinaire parce qu'elle est une machine : aucune femme ne pourrait chanter ainsi. Or, c'est bien une femme qui interprète ce rôle. Si une dialectique entre l'homme et la machine est à l'œuvre en Olympia, elle se résout à l'avantage de la chanteuse, capable sur scène de prouesses aussi remarquables que celles de l'automate dans la fiction.

Dans l'air d'Olympia, ce n'est pas tant l'objet technique qui est mis en valeur que la chanteuse, ou du moins sa voix. C'est ce que met en évidence la mise en scène de Robert Carsen[81]. Olympia, interprétée par Natalie Dessay[82], porte une longue robe blanche, ornée d'un large nœud sur la poitrine, et un voile de tulle blanche, tenue de mariée qui explicite ce qu'elle représente pour Hoffmann : la femme qu'il pourrait épouser. Plusieurs éléments contribuent à exhiber la nature mécanique de la poupée, que Hoffmann semble être le seul à ne pas percevoir. Sa perruque blond platine, relevée sur la tête en un large chignon, et la coque en plastique vernis beige qui recouvre son décolleté évoquent une poupée en plastique, dont le modèle le plus évident est la Barbie de l'entreprise Mattel. De plus, la prononciation de la chanteuse est hachée et le texte séparé en groupes de mots par de brefs silences qui nuisent à la fluidité et à la compréhension globale du sens. Enfin, la démarche et les mouvements de la chanteuse sont saccadés, comme ceux d'un robot.

Olympia dispose également d'un accessoire qui semble jurer avec le reste de son costume de jeune mariée, mais dont elle fait un usage très intéressant : un éventail noir. Au cours de son numéro de chant, Olympia ferme l'éventail, qu'elle tenait jusque-là ouvert,

---

81. Jacques OFFENBACH (musique), Jules BARBIER (livret), *Les Contes d'Hoffmann* [1881, posthume], direction musicale James CONLON, mise en scène Robert CARSEN, Paris, Opéra national de Paris, Opéra Bastille, 2000.
82. Natalie Dessay a interprété Olympia dans la première distribution et Desirée Rancatore a repris le rôle dans la seconde distribution, pour la seconde partie des représentations au cours de la saison 1999/2000.

pour s'en servir comme d'un microphone dans lequel elle chanterait. L'éventail n'est que la représentation d'un objet technique, incapable d'amplifier réellement la voix. L'intérêt du jeu avec cet accessoire n'est toutefois pas seulement de signifier avec humour la présence fictive d'un microphone : il permet également de mettre en valeur les capacités vocales exceptionnelles d'Olympia et, à travers elles, celles de l'interprète du rôle. Ainsi, alors qu'elle doit alterner des vocalises *fortissimo* et *pianissimo*, Olympia adopte un jeu qui pourrait être celui d'une chanteuse de variété : elle chante *fortissimo* vers l'éventail fermé, puis le tend en direction du public en chantant *pianissimo*. Grâce à ce jeu vocal, Olympia semble transformer l'éventail en microphone, quand c'est en fait son propre corps qui amplifie le son. Dans ce cas limite, l'objet technique est absent : le microphone est un éventail, la poupée mécanique une femme. Ce qui permet de donner l'illusion de sa présence est une voix humaine particulière : celle d'une chanteuse d'opéra, c'est-à-dire une voix travaillée pour développer sa puissance sonore et sa capacité de projection dans l'espace. Autrement dit, plus que le dépassement de l'homme par la machine (dans la fable) et inversement de la machine par l'homme (dans le spectacle), c'est le caractère extraordinaire, presque surhumain, de la voix du chanteur d'opéra que consacre l'air d'Olympia tel que Robert Carsen le met en scène[83].

De l'hybridité d'une voix chantée, amplifiée, déformée

Il arrive que les objets techniques sonores n'aient pas seulement un rôle d'accessoire signifiant, mais qu'on y ait recours pour leur fonction première. À l'opéra, c'est toujours important puisque cela conduit à modifier la structure musicale de l'œuvre. Le jeu sur le son que permettent des microphones, par exemple, prend un sens particulier sur une scène d'opéra. Il permet notamment de varier

---

83. La mise en scène de l'air d'Olympia par Robert Carsen joue aussi sur l'érotisme de la voix. Quand elle échappe à son créateur, Olympia témoigne d'obsessions lubriques : elle chevauche Hoffmann et ses vocalises évoquent des cris de jouissance sexuelle. Plus qu'un simple automate, elle apparaît alors comme une poupée gonflable à fonction sexuelle. La mise en scène rappelle ainsi la relation étroite qui peut être instaurée entre la voix lyrique et le plaisir physique. On peut consulter à ce sujet : Michel POIZAT, *L'Opéra ou le cri de l'ange. Essai sur la jouissance de l'amateur d'opéra*, Paris, Éditions Métailié, 1986.

la texture de la voix des interprètes[84]. Ainsi, dans la gare de *La Vie parisienne* déjà mentionnée plus haut, le metteur en scène a choisi d'insérer un personnage dont les apparitions récurrentes suscitent le rire : une femme assise derrière un bureau, revêtue d'un uniforme de compagnie ferroviaire, traverse la scène en parlant régulièrement dans un microphone pour faire des annonces au sujet des arrivées et départs des trains, mais aussi des commentaires sur les actions en cours sur scène. Personnification de la voix en apparence dématérialisée qui résonne dans les gares de nos jours, cette femme dispose d'une voix sonorisée. Cela permet d'établir une distinction entre plusieurs pratiques vocales, qui correspondent chacune à des enjeux dramaturgiques différents. En effet, une distinction est faite traditionnellement à l'opéra entre les récitatifs, parlés ou parlés-chantés, qui font avancer l'action et les airs, chantés, qui correspondent plutôt à des moments de pause dans l'action. À ce dispositif dramaturgique et musical est ajoutée ici une troisième pratique vocale, absente de l'œuvre originelle et caractérisée par la résonnance du microphone.

Le statut d'ajout de la voix sonorisée est assumé : c'est un élément d'arrière-plan, qui enrichit le décor et participe à la mise en place d'une ambiance, en l'occurrence de hall de gare. Le contraste vocal est aussi au service du comique du personnage ajouté, qui correspond notamment au principe bergsonien du « mécanique plaqué sur du vivant[85] ». En effet, la fréquence des annonces, précédées à chaque fois d'un *jingle* caractéristique, ainsi que la sonorisation de la voix contribuent à un effet de mécanisation, que contredit pourtant l'apparence humaine de l'employée de la compagnie ferroviaire. Les spectateurs voient une femme, mais une femme réifiée, dont la fonction, l'attitude et la voix évoquent une machine[86]. Cependant, la mécanique se grippe et la femme se révolte peu à peu contre sa réification, allant jusqu'à perdre son ton professionnel et se permettre des remarques

---

84. Au sujet des transformations vocales que peuvent expérimenter les artistes, mais aussi plus largement des rapports entre la voix humaine et les machines, on peut consulter : Norie Neumark, Ross Gibson et Theo van Leeuwen (dir.), *Voice. Vocal Aesthetics in Digital Arts and Media*, Cambridge (États-Unis), The MIT Press, 2010.
85. Henri Bergson, *Le Rire. Essai sur la signification du comique* [1900], édition de Frédéric Worms, Paris, PUF, « Quadrige », 2007, p. 29.
86. Cela correspond précisément à une situation envisagée par Bergson. *Id.*, p. 48 : « [...] il n'est pas nécessaire d'aller jusqu'au bout de l'identification entre la personne et la chose pour que l'effet comique se produise. Il suffit qu'on entre dans cette voie, en affectant, par exemple, de confondre la personne avec la fonction qu'elle exerce. »

personnelles, autre jeu comique. Les frontières entre personnages humains (qui parlent et chantent) et femme mécanisée (à la voix sonorisée) se brouillent alors. La mise en scène introduit ainsi une confusion dans la distinction entre vie humaine et vie mécanique en donnant une incarnation humaine à la voix dématérialisée, déshumanisée et sonorisée qu'on entend dans les gares. Si ce jeu de scène produit des effets comiques, il peut aussi avoir une portée plus politique en soulignant la déshumanisation à laquelle conduit la société contemporaine dans certains contextes, en particulier professionnels.

Le recours au microphone peut être plus systématique, tout en instaurant toujours un effet de contraste avec la voix chantée. Dans une des versions de *La Flûte enchantée* mise en scène par La Fura dels Baus[87], les récitatifs allemands du librettiste Emanuel Schikaneder sont supprimés et remplacés par un texte prononcé dans un microphone par deux comédiens, Dominique Blanc et Pascal Greggory. Le texte, dont une partie est projetée sur scène, est la traduction en français de textes écrits en catalan par Rafael Argullol. Aucun glissement n'est plus possible du récitatif à l'air, aucun trouble non plus. Des situations dramatiques disparaissent au profit d'un énoncé qui fait écho à la fable de façon à la fois imprécise et abstraite. Le texte qui remplace les dialogues n'est ni tout à fait un commentaire de l'action en cours sur scène, ni une narration claire et détaillée, mais plutôt un poème adressé au spectateur. En revanche, l'effet de contraste entre la voix chantée des airs et la voix parlée, ici sonorisée, est renforcé. Il est complété par une distinction entre deux langues, l'allemand (chanté) et le français (parlé), et entre deux niveaux de réalité, celui de la fable et celui de son commentaire. Le chant apparaît ainsi comme le propre des personnages de l'univers féérique de l'opéra de Mozart, dont il est un signe à part entière. Par ailleurs, l'emploi de microphones obéit aussi à un impératif pratique : faire entendre la voix parlée des comédiens dans la grande salle de l'Opéra Bastille[88].

---

87. Wolfgang Amadeus MOZART (musique), Emanuel SCHIKANEDER (livret), *Die Zauberflöte* [*La Flûte enchantée*] [1791], direction musicale Marc MINKOWSKI, mise en scène Alex OLLÉ et Carlus PADRISSA (LA FURA DELS BAUS), Paris, Opéra national de Paris, Opéra Bastille, 2005. Cette production a été créée à la Ruhrtriennale, en Allemagne, en 2003, avant d'être reprise à l'Opéra national de Paris en 2005. Lors de la reprise à Paris en 2008, le dispositif narratif est modifié et le générique du spectacle n'indique plus de comédiens.
88. Dont les conditions acoustiques peuvent conduire à sonoriser les chanteurs euxmêmes.

Alexander Raskatov, *Cœur de chien*, direction musicale Martyn Brabbins, mise en scène Simon McBurney, Amsterdam, 2010. Crédit photo : Monika Rittershaus

La sonorisation peut aussi s'accompagner d'une modification de la voix. Dans *Cœur de chien* de Raskatov, opéra contemporain créé dans une mise en scène de Simon McBurney[89], une hypophyse et des organes génitaux humains sont greffés à un chien, Charik, afin de le transformer en homme. La voix de cette créature hybride est confiée à trois chanteurs : une soprano (la Voix Agréable de Charik) et un contre-ténor (la Voix Désagréable de Charik) pour l'animal, un ténor pour le chien devenu homme (Charikov)[90]. La distinction s'opère également grâce à un objet souhaité par le compositeur[91] : la soprano, interprète de la Voix Désagréable de Charik, chante dans un mégaphone qui amplifie et déforme sa voix. La voix du chien, entrecou-

---

89. Alexander Raskatov (musique), Cesare Mazzonis (livret en italien, d'après *Cœur de chien* de Mikhaïl Boulgakov), George Edelman (traduction du livret en russe), Собачье сердце [*Cœur de chien*] [2010], direction musicale Martyn Brabbins, mise en scène Simon McBurney, Amsterdam, HET Muziektheater, 2010. La production a été reprise à l'Opéra de Lyon en 2014.

90. À la création, les interprètes étaient les suivants : Elena Vassilieva, soprano, interprétait la Voix Désagréable de Charik ; Ivo Posti, contre-ténor, la Voix Agréable de Charik ; Alexander Kravets, ténor, Charikov, c'est-à-dire le chien Charik devenu homme. La distribution complète de la création est indiquée dans le programme de salle de l'Opéra de Lyon : Alexander Raskatov, *Cœur de chien*, programme de salle, Lyon, Opéra de Lyon, 2014, p. 5 et 6.

91. L'indication de l'effectif orchestral précise en effet : « *Sur la scène :* / 1 mégaphone (La Voix Désagréable) / 16 mégaphones (Chœur). » *Id.*, p. 5.

pée de jappements, semble alors inhumaine, monstrueuse, à l'image du personnage. À l'inverse, quand le chien montre plus d'humanité, c'est une voix plus lyrique qu'on entend. Comme dans les exemples précédents, le recours à l'objet technique sonore permet d'opérer une distinction, ici entre le monstrueux et l'humain. Dans l'ensemble de ces exemples, cependant, la volonté de distinction peut paradoxalement s'accompagner d'une confusion : le jeu avec la voix lyrique met en évidence une hybridité plus qu'une franche opposition.

L'exemple de *Cœur de chien* présente, de plus, la particularité de proposer une mise en scène à la fois visuelle et sonore de l'hybridité. En effet, Charik est représenté par une marionnette dont la silhouette correspond au début du spectacle à celle d'un chien décharné, de couleur sombre, qu'on reconnaît à sa gueule et à la façon dont il est mis en mouvement, notamment en agitant la queue[92]. Son corps est manipulé par plusieurs marionnettistes[93] et sa voix est incarnée par les trois chanteurs présents sur scène. L'emploi du mégaphone est emblématique de cette double dimension visuelle et sonore : c'est l'objet d'où surgit la voix monstrueuse, appelée Voix Désagréable, et c'est un objet dont la forme évoque elle-même la gueule d'un animal. Le mégaphone caractérise par ailleurs aussi les clones de Charik, qui envahissent la scène à la fin de l'opéra. L'objet technique est ici le signe d'une monstruosité, la déformation vocale celui de la déshumanisation qui menace la société contemporaine. Le jeu avec le mégaphone permet ainsi d'interroger notre rapport d'une part à la voix humaine, déformée et déshumanisée, et d'autre part à la musique, dont le lyrisme est mis à mal. Le recours à ce type d'objet technique demeure cependant rare à l'opéra, probablement parce que l'interprétation musicale de l'œuvre s'en trouve modifiée, à moins que ce ne soit explicitement demandé par le compositeur.

Dans les différents exemples étudiés, l'introduction d'un objet technique sonore (téléphone, microphone ou mégaphone) sur la scène d'opéra invite à s'intéresser à la nature et aux fonctions de la voix humaine chantée. L'interprète peut être confronté au silence

---

92. Le corps de la marionnette change au fur et à mesure de l'évolution du personnage. Par exemple, la cage thoracique, d'abord exposée à la vue des spectateurs quand l'animal est encore famélique, est ensuite couverte, comme comblée.

93. Blind Summit Theatre, Mark Down, Nick Barnes.

d'un objet muet, sonoriser lui-même ce dernier ou avoir recours à un objet en état de fonctionnement pour amplifier ou déformer sa propre voix. Dans les trois cas, on retrouve une distinction, si ce n'est une opposition, entre la voix humaine et l'objet technique. On peut aussi identifier une tension. Récepteur et émetteur d'un son humain, même amplifié ou déformé, l'objet technique sonore permet en effet une mise en valeur de la voix chantée. Dans le même temps, toutefois, il met en évidence une hybridité, dont découle une forme de proximité, entre humain et non humain. Si l'opéra s'avère un lieu d'observation et d'expérimentation privilégié de cette hybridité, sans doute est-ce parce que la voix lyrique est elle-même hybride, à la fois humaine et artificielle, sensible et technique.

Caroline Mounier-Vehier est agrégée de Lettres modernes et doctorante en Etudes théâtrales à l'Université Sorbonne Nouvelle - Paris 3. Elle prépare une thèse sur l'interprétation des premiers opéras vénitiens (Monteverdi, Cavalli) sur la scène contemporaine, sous la direction de Julia Gros de Gasquet (MCF HDR en Etudes théâtrales, Université Sorbonne Nouvelle - Paris 3, LIRA) et de Thierry Favier (Professeur en Musicologie, Université de Poitiers, CRIHAM). Elle est actuellement ATER en Etudes théâtrales à l'Université Grenoble Alpes.

Fictions critiques vis-à-vis des "quasi-sujets" de la scénographie

Eliane Beaufils

La plupart des théâtres d'objet sont le support de narrations : le plaisir des choses anthropomorphisées se mêle à celui des décalages d'usage et de l'impossible absorption par le symbole ; l'allégorie est joyeuse. Les deux spectacles que j'aimerais étudier peuvent par moments cultiver ces ambigüités, mais les objets ne sont le support d'aucune fiction. Cela les investit d'un poids particulier, car ils sont amenés à signifier sans qu'on leur prête de parole. Ainsi cependant ils pourraient d'autant mieux répondre au souhait de Gilbert Simondon, de prendre conscience « du sens des objets techniques[94] ». S'approcher d'eux tels qu'ils sont mais par des voies détournées constituerait une façon de mieux les connaître et de parer à « la plus forte cause d'aliénation dans le monde contemporain [...] la méconnaissance de la machine[95] ». Dans le spectacle de Rabih Mroué, *33 tours et quelques secondes*, les acteurs ne sont présents qu'*in absentia*, si bien que l'humain n'est perceptible qu'à travers les objets. Dans le second spectacle étudié, *Stifters Dinge*, l'homme s'est absentéifié au point que l'univers scénique se compose d'objets qui apparaissent comme autant d'éléments autonomes. Sans doute se rend-on compte ainsi des attentes liées aux objets, mais celles-ci sont en partie déjouées. Une démarche critique, découvrant des dimensions méconnues et

---

94. Gilbert Simondon, *Du mode d'existence des objets techniques*, Aubier, Paris, 1989 [1958], p. 9 cité dans l'introduction du présent volume par Julie Valero, « L'objet technique en scène : statuts, usages et détournements », p. 4.
95. *Ibid.*, p. 10.

« interroge[ant] le fonctionnement quotidien, ordinaire[96] » des objets, semble à l'œuvre mais les objets apparaissent aussi de manière nouvelle. Ce ne sont peut-être même pas des appareils, au sens où les appareils « engage[nt] avec leur[s] utilisateur[s] une relation plus élaborée, plus réfléchie [...] que la relation, servile, qu'engage une simple machine automatisée[97] ». On se demande s'ils se situent encore dans une relation de service, si bien qu'ils mettent peut-être en cause notre dimension de sujet.

Le dialogue avec une page Facebook

Dans *33 tours et quelques secondes*, présenté en Avignon en 2012[98], aucun acteur ne vient sur le plateau. Le spectateur y est confronté à une scénographie peu spectaculaire, un bureau, sur lequel est disposé un peu de matériel, une lampe, un ordinateur, quelques livres. à côté du bureau à jardin sont disposés un téléviseur et des fauteuils. Il ne s'agit pas d'une pièce de bureau à proprement parler, davantage d'une situation ouverte dans une black box.

La scénographie relève tout à fait de la « boîte à sable » décrite par Bruce McConachie[99] : des matériaux disposés on attend un certain usage, ils constituent autant d'« affordances » selon la terminologie de Gibson[100]. Le concept d'affordance se rapporte à toutes les possibilités d'actions sur un objet de la part d'un certain sujet, vivant dans un certain environnement, éduqué de telle ou telle

---

96. Julie Valero, *art.cit.*, p. 8.

97. Là encore je me réfère à l'introduction de Julie Valero qui reprend la définition de Pierre-Damien Huyghe. Voir

Julie Valero, *art.cit.*, p. 9.

98. Ce spectacle a été conçu par Rabih Mroué et Lina Saneh en 2011, en coproduction notamment avec Le Festival d'Avignon, KunstenFestivaldesArts, Kampnagel Hamburg, La Bâtie Genève. La scénographie, le graphisme et l'animation sont l'œuvre de Samar Maakaroum.

99. Voir Bruce MacConachie, « Spectating as Sandbox Play », dans Nicola Shaughnessy, *Affective Performance and Cognitive Science*, Bloomsbury, London, 2013, p. 183-197.

100. Cette notion a été développée en premier lieu par Gibson dans ses deux ouvrages : *The Theory of Affordances* (1977), et *The Ecological Approach to Visual Perception* (1979). Elle a ensuite été étudiée plus amplement par William Gaver, « Technology Affordances », dans Scott P. Robertson, Gary M. Olson, Judith S. Olson, *Proceedings of the ACM CHI 91 Human Factors in Computing Systems Conference.* April 28 - June 5, 1991.

33 tours et quelques secondes, Spectacle de Rabih Mroué, 2012. Crédits photo : Lina Majdalanie & Rabih Mroué

manière. Ici on se trouve donc face à des sièges pour s'asseoir, des livres à lire, un portable pour téléphoner, un ordinateur pour écrire ou *surfer* sur internet. Après quelques minutes de contemplation égayées par une chanson de Brel, *Le dernier repas*, un grand écran s'éclaire au-dessus du bureau et montre une conversation en cours sur une page Facebook. Les propos des divers « amis Facebook » tournent autour de la disparition d'un certain « il ». On comprend qu'il s'agit du détenteur du compte Facebook projeté, qui n'a de profil que nominal, en l'absence de quelque photo : Diyaa. Des remarques perplexes défilent les unes à la suite des autres, puis on voit apparaître une série de smileys tristes, des « oh nonononon », des signes de stupéfaction. On a l'impression de suivre en temps réel les diverses réactions, le plus souvent atterrées ou attristées, à un suicide inattendu. D'autres exclamations seront plus colériques par la suite (reprochant par exemple au protagoniste décédé de s'être replié sur soi, et de s'être désolidarisé du combat mené pour un Liban plus démocratique). Quelques oppositions se manifesteront même au sein du groupe avant qu'une « voix » écrite ne rappelle tout le monde à la civilité, en l'occurrence au deuil.

Il semble assez difficile dans ces circonstances de considérer l'écran en premier lieu comme objet, rapporté à d'autres objets porteurs de Facebook (notamment à l'ordinateur qui s'anime en même temps). Alors qu'on entre d'ordinaire sur la scène par des personnages incarnés[101], ici on y entre par des bribes de paroles particulièrement fragmentaires et désincarnées. Les personnages, anonymisés par leurs appellations « Swag », ne sont guère individualisés ni saisissables comme figures. Ils renvoient à un chœur diffus, susceptible de s'étendre ou de s'éteindre, et permettent de saisir les différences de réactions. Le rapport que le spectateur peut entretenir à la scène est d'abord un rapport de lecture, informée par l'activité de l'imagination. Voilà néanmoins qui renverse les positions : le spectateur imaginant devient à certains égards l'actant. De même que dans le transfert psychanalytique, l'absence de vis-à-vis et de dialogue ramène la personne sur elle-même. En effet, elle tend à se projeter dans le personnage absent, qui, à l'instar de l'analyste, est « une feuille blanche » sur laquelle on peut projeter des raisons d'agir et des désirs[102]. Elle peut ici aussi se projeter dans le collectif des voix sur Facebook, d'autant que les questions posées par les supporters de Diyaa dépassent les expressions privées de deuil. Au-delà de la perte en effet, c'est le futur de la lutte qui pose problème, le sens de la lutte que Diyaa semble remettre en question par son suicide. Il y a en quelque sorte prolongement du questionnement fictif – dont on ignore d'ailleurs longtemps qu'il est fictif en vertu du réalisme de la page Facebook – dans le futur réel, libanais et français. Cette intrusion de la scène dans nos projections du futur et nos questionnements politiques présents est une première raison pour laquelle elle a sans doute un écho existentiel, ou du moins émotionnel. Le spectateur est appelé à se projeter dans ces diverses réactions, à s'inclure dans un collectif. Comme cette mise en écho rappelle de plus la pluralité des voix à partir desquelles nous nous sommes constitués et nous nous constituons[103], tout concourt à ce qu'il soit intégré au groupe de proches, de

---

101. Elinor Fuchs, *The Death of Character. Perspectives on Theater After Modernism*, Bloomington, Indiana University Press, 1996, notamment les premiers chapitres.
102. Je renvoie ici à l'excellente étude des transferts au théâtre par Eva Holling, Übertragung *im Theater. Theorie und Praxis theatraler Wirkung*, Neofelis, Berlin, 2016.
103. Il devient un peu l'écho de « l'incarnation originaire de voix étrangères qu'on a acquises au cours de l'apprentissage du langage ». Voir Sabina Montavon, « Geräusche oder Stimmen? », dans Maren Butte, *Bild und Stimme*, München, Fink, 2011, p. 144-159, ici p. 151.

sympathisants, d'autant que les plages blanches et les silences offrent un espace aux réactions potentielles du lecteur-spectateur. Mais au-delà des interrogations existentielles et idéologiques, ce dernier opère un transfert de pratique. Le rapport à l'écran fait écho à celui d'un utilisateur d'internet et potentiel lecteur/utilisateur de la page, qui réagit à son tour. Par ailleurs, comme aucune personne n'apparaîtra sur scène, que la graphie n'est pas ponctuelle comme elle l'est dans la plupart des mises en scène qui y recourent[104], le spectateur pourrait sembler le simple jouet du dispositif. La question est en vérité plus complexe.

À bien des égards, ce dispositif est susceptible de nous toucher – mais il le fait peut-être autant en déjouant les attentes qu'en appelant à des identifications ou fictionnalisations, au demeurant très créatrices. Certes, la communication avec des écrans happe notre attention, mais elle le fait sans doute d'autant plus facilement qu'elle n'est pas habituelle. D'ordinaire, une page Facebook se consulte sur le téléphone portable ou l'ordinateur. Elle correspond pour l'instant à une pratique privée, voire intime. Or non seulement on est appelé à lire ici « en commun » mais il s'agit de la page de quelqu'un d'autre – ce qui est rarement le cas, même si la jeunesse accorde désormais davantage d'importance et d'exclusivité à d'autres réseaux (Instagram, Snapchat, What's up, Twitter e.a.). Mais d'une part, toute rupture avec nos schèmes d'utilisation et, en général, avec nos habitudes, attise l'attention : cette vieille idée brechtienne a été confirmée par maintes études phénoménologiques et neurologiques[105]. Cette attention peut être d'autant plus soutenue que l'absence d'intervenant perdurera et continuera à creuser le silence derrière la multiplicité des voix lues et entendues : il s'agit d'un très long moment que nous passons en lecture et en écoute (une heure). Or, on le sait, la longueur et la qualité de l'attention sont essentielles pour le développement de la conscience et la recherche de sens[106].

---

104. Voir l'ouvrage d'Ariane MARTINEZ et Jean-Pierre RYNGAERT, *Graphies en scène*, Editions Théâtrales, Montreuil sous bois, 2011.

105. Voir par exemple David EAGLEMAN, *Les vies secrètes du cerveau* (Robert Laffont, Paris, 2015) qui répète à maintes reprises que ce qui est inhabituel attise l'attention (titre original : *Incognito. The Secret Lifes of the Brain*, Canongane Books, Edinburgh, 2011).

106. « Enaction theorists recognise that timing and intensity are often crucial factors in shaping the emotional experiences and consequently the emergence of meaning for spectators », ou plus généralement, « the length and intensity of dramatically generated emotions are crucial factors in shaping the emergence of meanings for spectators. », in B. MACCONACHIE, *art.cit.*, p. 195 et 194.

D'autres raisons expliquent par ailleurs qu'on n'entretienne pas un rapport d'extériorité aux objets sans pour autant renoncer à toute pensée analytique vis-à-vis du dispositif. Les décalages d'usage restent ici tributaires de nos expériences préalables. Pour expliquer ces relations, on peut recourir à la théorie des marqueurs somatiques, développée par Damasio dans les années 1990. Elle est encore reprise dans des articles récents[107], et permet surtout de se référer aux connexions très étroites qui rattachent les zones mémorielles aux zones émotionnelles. Pour qu'un événement devienne expérience en effet, et donc mémoire, il est rattaché à des processus d'évaluation complexe dont les émotions. Les marqueurs somatiques sont des sortes de signaux émotionnels livrés par certaines situations ou certains objets : ils sont liés à une forme de savoir que le corps a rassemblé comme système global. Ils accompagnent donc tous les processus de perception sous forme d'impulsions subcorticales[108]. Des actes, des attitudes, des représentations sont associées à des manifestations émotionnelles vécues. Evidemment, le suicide est le principal élément de la pièce susceptible d'activer des marqueurs somatiques, peut-être davantage encore les réactions qui le suivent, puisque nous développons nos facultés empathiques en premier lieu comme empathie d'empathie[109]. La disposition des objets s'appuie néanmoins aussi sur des marqueurs somatiques, ce qui contribue aux « transferts d'usage » évoqués. La position du spectateur contribue tout d'abord à une lecture particulière des messages : en surplomb par rapport à la scène, il est à la même hauteur que l'écran qui s'affiche au-dessus du bureau. De cette manière, ses réactions entrent davantage encore en écho avec celles des membres du groupe Facebook. Sa position est cependant ambigüe, car en voyant fonctionner la page dans une position frontale qui double en quelque sorte celle de Diyaa au bureau, il se situe également dans un hors-temps et un hors-espace, hors-scène, qui seraient ceux, impossibles mais symboliquement présents, du personnage mort. D'autant que la vision dans une telle situation est une forme

---

107. Damasio la présente pour la première fois dans son ouvrage, *Descartes' Error: Emotion, Reason, and the Human Brain*, Putnam Publishing, 1994.

108. Je m'appuie ici sur la présentation donnée par Norbert Vetter, *Emotion zwischen Affekt und Kognition – Zur emotionalen Dimension in der Kunstpädagogik*, Köln, Kölner Wissenschaftsverlag, 2010.

109. Voir B. MacConaghie, *art. cit.*, p. 191. Cependant, certains spectateurs se sont mis à rire ou sourire lors des premières phrases sur écran, ce qui tient sans doute à la nature des signes écrits : série de smileys ou de Ahhhhhhhhhhhhhhhhhhhhhhhhhhh…

d'utilisation : ce serait le spectateur qui viendrait répondre en partie à l'affordance. Il est un peu dans la position du mort. Or la page Facebook semble « vivante » du fait de l'inscription régulière de nouveaux messages, qui apparaissent toutes les 8 à 10 secondes, ce qui incite à les lire sans hâte mais ne permet guère de sombrer dans la contemplation. L'échange entre les divers personnages, l'évocation d'autres histoires qui sont la conséquence de cette mort contribuent à cette impression de vie, d'autant, on l'a rappelé, que la page Facebook est associée à une pratique privée. Les effets sont donc paradoxaux, le plateau est à l'origine d'un dialogue *post-mortem* dans lequel le spectateur est appelé à s'engager comme un témoin mort-vivant.

Les médias et la non-communication

Les relations aux autres objets scéniques introduisent quelques ruptures dans ce rapport dialogique à l'écran. Le téléphone vibre de temps à autre, et un sms s'affiche sur fond noir sur l'écran. Le spectateur reste cependant lecteur. La télévision s'allume par intermittences et des extraits de nouvelles télévisées commentant l'événement sont projetées à leur tour. Enfin, le téléphone fixe sonne plusieurs fois et on entend les longues réflexions et apostrophes angoissées d'une femme parlant sur répondeur, convaincue que Diyaa l'écoute sans vouloir décrocher. Téléphone et téléviseur introduisent donc avec le son et les images mouvantes des instants de plus grande densité aisthésique. Une dimension fantomatique investit en particulier les deux téléphones : davantage encore que la page Facebook, ils constituent des outils délaissés dont la voix porte sans porter, puisqu'elle n'atteint pas son destinataire, ce qui a pour effet de renforcer la dimension spectrale des spectateurs-auditeurs non adressés. Le clivage dans l'adresse est d'autant mieux perceptible que ces moments interrompent le cours de la lecture de Facebook et qu'ils se distinguent par leur rythme : la télévision frappe par sa rapidité alors que les messages résonnent dans le vide. Or ces messages ont une forte dimension privée. Une critique idéologique assez commune est par ailleurs associée à la télévision, car elle est l'organe du pouvoir et dénonce le risque représenté par un dangereux agitateur, dont la mort est susceptible de provoquer une rébellion, vision des faits qui ne s'accorde guère avec les propos des amis de Diyaa. Mais la télévision introduit l'espace public au théâtre, et l'impression que vit le monde, qui approvisionne un flot de nouvelles, tandis que l'existence humaine peut s'en extraire et se développer au sein d'un espace confiné. Jamais l'espace intime de la chambre ou du bureau ne pourra être « rattrapé » par ce flux médiatique. Ce contraste souligne les limites de ces médias qui paraissent qualifiés à tort d'organes de communication, puisqu'on ne sait rien du sens qu'ils revêtent pour Diyaa et qu'ils ne disent rien de ce qu'il était vraiment. La supplémentarité des médias, la combinatoire et l'analyse effectuées par les spectateurs permettent d'imaginer l'ensemble de la situation, mais la personnalité de Diyaa reste inaccessible ; nul objet, fussent ses livres ou ses appareils de communication, n'offre d'accès à proprement parler. Voilà qui montre que le rapport aux objets de communication doit être le fruit d'un dialogue avec les autres et le monde. Quand ce dialogue s'efface, ces objets sont rattrapés par une forme d'absurdité. N'étaient les spectateurs qui les investissent de sens, ils tourneraient à vide sur scène. Les objets de communication ne sont jamais que véhicules, et s'ils ne le sont plus, ils deviennent des témoins, des dépôts de traces (électroniques), des fossiles vibrants.

C'est paradoxalement grâce à son implication de lecteur que le spectateur peut se rendre compte de l'importance de la créativité fictionnelle de l'utilisateur et du caractère objectal des organes de communication. Grâce aux spectateurs la scène n'est pas orpheline. C'est grâce à leur attention encore qu'est perceptible la discrépance des temporalités entre l'espace privé et l'espace public en flux permanent ; mais aussi entre l'univers limité des humains et le monde des objets technologiques, qui peuvent survivre à leurs utilisateurs dans une forme de posthistoire sur laquelle on n'a guère de prise. à travers les fossiles vibrants et le renouveau de leur usage par les spectateurs, s'effectue une historicisation de notre présent, une prise de distance par rapport à des dispositifs dont on oublie parfois la nature de dispositif[10]. Cette conscience renvoie bien entendu à la chance que re-

---

110. Je m'appuie sur la définition du dispositif d'après Foucault : « un ensemble hétérogène, comportant des discours, des institutions, des aménagements architecturaux, des décisions réglementaires, des lois, des mesures administratives, des énoncés scientifiques, des propositions philosophiques, morales, philanthropiques, bref : du dit aussi bien que du non-dit ». Chaque medium, *a fortiori* chaque spectacle de théâtre, peut de ce fait être considéré comme un dispositif, si bien que cette qualification est devenue très courante en études théâtrales. Elle me semble particulièrement pertinente ici cependant, en raison de la disposition très particulière du regard, sollicitée par le spectacle, ainsi que de son caractère très pensé et très technique. Voir Michel FOUCAULT, « Le jeu de Michel Foucault » (1977), *Dits et écrits*, tome II, Gallimard, Paris, 1994, p. 299 et pour les études théâtrales, notamment Anyssa KAPELUSZ, *Usages du dispositif au théâtre : fabrique et expérience d'un art contemporain*, thèse soutenue le 11/12/2012 à l'Université Paris 3-Sorbonne Nouvelle.

présente le théâtre comme sur-dispositif, jouant des autres appareils, permettant ici de développer une conscience historique sans surplomb. En cela il répond bien à la vocation des travaux esthétiques qui est d'instaurer des ruptures et de permettre des recadrages[111].

De la non-communication aux objets muets

Stifters Dinge, de Heiner Goebbels,[112] est encore plus complexe car il n'y a aucune trace d'être vivant sur scène, ni même de fiction. Goebbels explique qu'il a désiré composer un spectacle en portant son attention « aux choses, qui, dans le théâtre, ne jouent qu'un rôle illustratif, le plus souvent comme décor ou comme accessoire, mais qui sont ici les personnages principaux[113] ». Il s'agit donc de renverser radicalement la hiérarchie entre la présence humaine et ce qu'on considère d'ordinaire comme secondaire et qu'on appelle à ce titre « accessoires ». L'espace cependant n'est pas constitué d'accessoires au sens usuel du terme, il n'a rien de représentationnel. De ce fait il acquiert la qualité d'un environnement. Un environnement de choses qu'on a du mal à distinguer dans la pénombre. Des bras mécaniques semblent se mouvoir, sur fond de vibrations basses, on entend des machines glisser sur des rails, ou est-ce un bruit indépendant de ces cubes qui apparaissent doucement à la faveur d'une incandescence interne et qui laissent entrevoir d'autres présences sans nom ? En l'absence de toute structure et de toute logique, nous pouvons uniquement nous en remettre à notre perception et à nos associations. D'autant plus que cet environnement est en évolution permanente : les cubes deviennent bleus, une perceuse industrielle semble présente à cour, les rails s'illuminent, puis de l'eau se met à couler dans les bassins rectangulaires dessinés par les rails, avant que des voiles ne descendent, flanqués de

---

111. Voir par exemple Gerald SIEGMUND, conférence *Affirmation und Kritik,* http://mediathek.tqw.at/de/tanzquartier-wien-online-archiv/video/die_haut_der_kritik.html?cHash=838a43b188da59ce4a411538d78b937e Consulté le 02/10/2017

112. Spectacle créé au Théâtre Vidy de Lausanne en 2007, avec la participation du directeur René Gonzalez. La scénographie est de Klaus Grünberg, l'ingénieur son est Willi Bopp. La traduction littérale en français serait « les choses de Stifter » : ce titre réfère non seulement à l'écrivain autrichien Adalbert Stifter et à l'attention qu'il portait à la matière, mais à un vers de Hölderlin sur le « stiften », le créer, qui revient d'abord aux poètes (*Und was bleibet, stiften die Dichter*). En raison de la complexité de ce spectacle, on ne se focalisera ici que sur certains aspects.

113. Heiner GOEBBELS, page 2 de la brochure de présentation du spectacle consultable sur https://www.heinergoebbels.com/download.php?itemID=7. *Consulté le* 02/10/2017

haut-parleurs juchés à diverses hauteurs qui font résonner des chants aborigènes qui accompagnent les montées et descentes de voiles. Le processus circulaire perception/mémoire/ attention/ reconnaissance/ évaluation est sans cesse relancé, si bien qu'ici encore, il paraît difficile de sombrer dans la contemplation. Le spectateur peut s'en remettre à sa mémoire, « notre plus grand organe sensible » selon Roth, et à ses autres sens aiguisés par la nouveauté[114]. Les installations cependant ne reproduisent pas un système ordonné de machines, l'appel à la mémoire est donc limité : nous pouvons nous en remettre à notre « idée » de la machine industrielle. Machine associée au bruit, à la saleté, à une grandeur un peu menaçante, voire dangereuse, souvent à la vitesse, aux chaînes de production et plus loin, à tout un imaginaire ouvrier, à l'image d'hommes soumis au mouvement de la machine autant qu'ils la soumettent, bref à des rapports d'hétéronomie, d'extériorité et de pouvoir, d'aliénation et d'effort. Voilà le genre de souvenirs et de marqueurs somatiques qui sont activés, surtout quand on a comme moi visité quantité d'usines et eu un grand-père forgeron[115].

Dans le même temps, le spectacle nous confronte à des bruits d'une extrême légèreté : le cliquetis des divers objets devient une musique. Loin de toute pénibilité et hétéronomie, les machines semblent se mouvoir d'elles-mêmes, et en devenant stimulatrices ou cristallisatrices de créativité esthétique, elles prennent en partie notre imaginaire à revers. En l'absence de présence humaine créative semble se dessiner « une créativité au-delà de l'homme » qui rappelle le vers de Paul Celan : « et il y aura encore des airs à chanter par-delà les hommes[116] ». De même que dans ce vers ressort des machines une présence de pensée, une trace humaine, qui se mêle à une nouvelle vie indéchiffrable. Il y a donc une discrépance entre d'une part

---

114. Voir Gerhard ROTH, *Fühlen, Denken, Handeln. Wie das Gehirn unser Verhalten steuert*, Frankfurt, Suhrkamp, 2001.

115. Une expérience menée à Nantes en 2011 semble confirmer l'importance des marqueurs somatiques liées aux machines : l'exposition présentait les vieux métiers de la région, non pas en exposant des machines cependant, en présentant des bruits, images et odeurs qui leur étaient liés dans la ville.

116. Traduction du poème *Fadensonnen* : Über *der grauschwarzen* Ödnis. *Ein baumhoher Gedanke greift sich den Lichtton: es sind noch Lieder zu singen jenseits der Menschen.*
Voir Hans-Georg GADAMER, *Qui suis-je et qui es- tu ? Commentaire de* Cristaux de souffle *de Paul Celan*, traduit par E. POULAIN, Actes Sud, Arles, 1987, p. 90.

Stifters Dinge, Heiner Goebbels, 2007. Crédits photo : Wonge Bergmann/Ruhrtriennale

les éléments livrés par la mémoire, et sans doute les marqueurs somatiques, et d'autre part l'impossibilité de rattacher les visions et auditions au préconnu. Et cette discrépance fait naître d'une part une impression de perte et de mélancolie, d'autre part de nouvelles associations et résonances.

Pour le chercheur Gerald Siegmund, les objets qui n'obéissent à aucune fonction, ni à aucune finalité, qui ne sont pas signifiants, constituent du « matériel muet » : il faut alors « les rendre productifs pour soi et constituer de nouveaux contextes pour eux[117] ». Mais ces objets muets sont ici paradoxaux, en vertu de la place laissée aux spectateurs. Comme l'écrit Heiner Goebbels, on compte ici plus de 150 protagonistes, ce sont les spectateurs. Ceux-ci cependant ne sont pas sujets des objets : ils font face à d'autres protagonistes, avec lesquels s'esquisse un rapport dialogique de questionnements qui appellent des réponses. En effet, ces objets ne « répondent pas » tout à fait, mais représentent des sortes de « personnes muettes », qu'on perçoit comme sujets précisément parce qu'elles ne s'épuisent pas dans un reflet en miroir. Didi-Huberman relie cette altérité radicale qui ne peut tout à fait être « saisie » par la pensée à « l'inhumanité d'une forme autonome, qui vit sa vie propre comme objet pur, doté d'un puissant effet[118] ».

---

117. Gerald SIEGMUND, *Theater als Gedächtnis. Semiotische und psychoanalytische Untersuchung zur Funktion des Dramas,* Tübingen, Narr, 1996, p. 48.
118. Georges DIDI-HUBERMAN, *Ce que nous voyons nous regarde,* Minuit, Paris, 1992, p. 182.

La dimension critique de ces objets sans nature

En saisissant le spectateur dans l'incapacité de « saisir » ce qui se passe, le spectacle peut être conçu comme parfaitement critique : il confronte à l'hétérogène, brise les références, par le montage d'éléments hétéroclites, ce qui renvoie aux mots clés brechtien, ceux de la « séparation des éléments » et de leur « mise en constellation ». De ce fait, la machine est montrée comme machine ; les sons apparaissent également comme produits objectaux, soit parce qu'ils sont émis par des objets, soit parce qu'ils relèvent d'enregistrements, et que l'on entend le grésillement de vielles bandes sonores, ce qui met l'accent sur la qualité objectale de la source sonore. La réflexivité de chaque élément est ainsi très forte.

Pour mieux appréhender le caractère flottant de la critique et donc de la réflexion commune qui peut s'en dégager, je relierai la démarche de Goebbels à la notion de critique développée par Foucault et Butler. Pour Judith Butler (qui reprend en large partie Foucault[119]), la critique est tout bonnement une pensée particulière. Critiquer ne peut se faire selon elle qu'en renonçant à retomber dans les termes du discours qu'on veut critiquer. Il faut éviter notamment de retomber dans un anti-discours, toujours référé à un discours « de départ ». Critiquer implique selon elle qu'on ne s'appuie pas uniquement sur des catégories connues, qu'on ne s'appuie pas véritablement sur des critères de jugement (du moins pas des critères prédéfinis, qui guideraient d'emblée la teneur de la critique et réduiraient l'ouverture du jugement). Enfin – et cela est intimement lié à ce qui précède – la critique doit essayer de ne pas s'inscrire dans un nexus savoir-pouvoir. Ou bien encore essayer d'inclure le nexus savoir-pouvoir dans la réflexion critique. Cela ne veut pas dire qu'il y aurait une forme anarchique du dire ou du critiquer, mais la critique doit être possible selon Butler hors de toute position établie, contre toute forme d'autorité (l'héritage d'Adorno est ici manifeste). Cela inclut les autorités disciplinaires, la critique n'est pas identique à la philosophie notamment : elle est envisagée comme questionnement radical parce que « hors de toute discipline » et de tout chemin de questionnement – un peu en suspension donc, et ne

---

119. Voir Judith BUTLER, « 1 - Qu'est-ce que la critique ? Essai sur la vertu selon Foucault », dans Marie-Christine GRANJON, *Penser avec Michel Foucault*, coll. « Recherches internationales », Editions Karthala, Paris, 2005, p. 73-104. J. Butler reprend le texte de Foucault portant le même titre, voir note 28.

s'interdit rien pour faire pièce à notre capacité réduite de penser des possibles[120]. C'est seulement ainsi, en envisageant la critique comme une pratique, qui échappe même à une discipline instituée comme la philosophie, que l'on peut pratiquer « un art de l'indocilité réfléchie[121] ». Une pratique et un art donc[122], qui assume sa part non complètement développée, voire sa part subjective (mais néanmoins autoréflexive de ses propres limites). Or l'art de Heiner Goebbels peut souvent être vu comme un art de l'indocilité, qui prend des éléments et les démonte, sans s'appuyer sur des critères explicites de jugement ni sur des finalités, mais en les maintenant ouverts, flous, contradictoires : les machines qui n'asservissent pas mais qui signent l'absence de l'homme, les bassins qui font émerger puis tarir l'eau, des carcasses de pianos retournées et comme torturées qui servent à jouer Bach... Cette critique n'est guère susceptible d'être « récupérée » par un camp, elle ne sert pas une dénonciation à proprement parler, ni une position plus ou moins instituée. À cet égard elle ne s'inscrit pas dans un nexus savoir-pouvoir préalable – même s'il reste toujours possible d'instrumentaliser une œuvre après coup. Et pourtant, elle met « des champs entiers de catégories[123] » en question (catégories machiniques et objectales en l'occurrence), elle met en question les perceptions même qui souvent les fondent, l'ordre de notre appréhension qui a l'habitude de déterminer des objets et qui doit faire face à un immense objet inconnu.

L'appel à penser sur des objets qui échappent en partie aux catégories – si bien qu'on n'est pas simplement appelé à penser sur des normes, sur des fonctions, sur des sons, ni « sur » quelque chose en général – est un appel à penser hors de soi, vers quelque chose que nous contribuons à déterminer. Ce qui pourrait passer pour de la déshumanisation, parce que Goebbels découple

---

120. J. Butler évoque la réaction de Foucault à la question rhétorique qu'il pose dans sa conférence : à la question de savoir s'il se réclame d'une sorte de liberté originaire, il dit qu'il ne s'en réclame pas mais qu'il ne s'en défend pas non plus. Il se permet une situation en partie non déterminée, non pensée « jusqu'au bout ».

121. Butler cite Michel FOUCAULT, « Qu'est-ce que la critique ? », *Bulletin de la Société Française de Philosophie*, vol. 84, n°2, 1990 [1978], pp. 35-63.

122. Nous ne reviendrons pas ici sur le débat qui oppose Foucault et Butler aux partisans d'une critique qui, comme chez Habermas, doit précisément articuler ses critères pour ne pas être aveugle, subjective et créatrice d'illusions, mais retiendrons la possibilité de penser plusieurs attitudes critiques.

123. J. BUTLER, *art.cit.*, p. 86.

la machine de l'homme qui l'instrumentalise, et les sons de leur source, est une manière de faire voir un autre potentiel au cœur de ces éléments, sans qu'il y ait dévoilement d'un potentiel précis : potentialités non affirmées, possibles de possibles, qui nous « appellent », qui mettent peut être en branle des « réponses » que nous ne pouvions prévoir puisque la critique joue en déjouant nos attentes et notre pensée uniquement analytique. C'est en cela que Goebbels ré-humanise les machines, les mouvements de lumière, les bandes sonores – alors qu'on pouvait tout à fait avoir l'impression que ce spectacle renvoyait à ce que Nancy appelle la struction[124] : un amas de choses qui constituent autant de restes de notre civilisation, de fossiles les uns à côté des autres sans hiérarchie, un réseau dans lequel on est pris mais qui n'a pas de sens véritable, ni de direction[125]. En même temps les choses débordent l'homme, et on voit se dessiner de nouvelles compositions, s'esquisser de nouvelles hiérarchies, aux dimensions esthétiques très fortes, d'autant plus forte que la créativité des concepteurs appelle l'autopoïèse des spectateurs. Comment réagir face à de l'eau qui laisse échapper des volutes d'air bleuté sur des sons inconnus ? Face à un texte de marche dans la neige dont l'écoute s'accompagne de fragments de tapisserie brièvement éclairés sans que la tapisserie, présentant une scène de chasse à courre sans doute, ne soit jamais visible ni même imaginable en entier, et sans que l'image puisse l'emporter sur l'arrière-fond de piano et d'arbres qui la supporte ? Les entités se dérobent, on voit sans voir, on est en proie à une intense attention perceptuelle, qui est également intuitive et associative. La dimension utopique est manifeste, et elle est double : elle s'exprime d'une part dans la beauté des paysages ; d'autre part les objets nous dessaisissent de notre position de sujets pour mieux

---

124. « *Struo* signifie "amasser", "entasser". Il n'y est pas vraiment question de l'ordonnance ni de l'organisation qu'implique la *con-* et l'*in-*struction. C'est le tas, l'ensemble non assemblé. C'est contiguïté et coprésence, certes, mais sans principe de coordination. » in Jean-Luc NANCY, "De la struction", dans Jean-Luc NANCY, Aurélien BARRAU, *Dans quels mondes vivons-nous*, Éditions Galilée, Paris, 2011, pp. 79-104, ici p. 89.

125. L'enregistrement sonore le plus marquant est celui d'une interview de Lévi-Strauss où le vieux chercheur confie son pessimisme vis-à-vis du genre humain et fait le constat qu'il n'y a plus de continent à découvrir. Ce moment d'atonie et de désabusement dévoile pourtant un paysage scénique inédit dont on ne cesse de goûter les effets, et qui paraît démentir ce que dit Lévi-Strauss.

découvrir de nouveaux agencements, expérimenter avec la matière et interpeller nos modes de pensée : pour mieux nous réinvestir de subjectivation[126].

Ces deux spectacles rappellent la part déterminante, et peut-être envahissante, que les objets (notamment techniques) prennent dans notre monde. Et pourtant, en défonctionnalisant les objets, en dessaisissant le public de son pouvoir de maîtrise, ils sollicitent les capacités des divers spectateurs. La portée des spectacles n'est pas seulement critique. L'absence d'acteur dans le premier, l'absence de quelque présence humaine et de sens dans le second joint à une créativité qui paraît sans limites sont un appel à exploiter davantage les objets, à renouveler le regard porté sur eux et les usages : il n'y a aucune fonction qui tienne et qui nous enfermerait dans des formes de détermination technique. C'est l'activité fictionnelle créatrice au contraire qui est déterminante.

Eliane Beaufils est maître de conférences en études théâtrales à l'université Paris 8, membre de l'EA 1573 « Scènes du monde et savoirs critiques ». Diplômée de l'Institut d'Études Politiques de Paris, agrégée d'allemand, elle a enseigné dans les universités de Hambourg, Strasbourg et Paris 4-Sorbonne. Elle est l'auteur de *Violences sur les scènes allemandes* (Paris, Presses de Paris Sorbonne, 2010), *Quand la scène fait appel…* (Paris, L'Harmattan, 2014), ainsi que d'une quarantaine d'articles. Ses domaines de recherches ont trait aux esthétiques contemporaines : la performativité des corps et des voix, les esthétiques de la violence et de la douleur, les théâtralités critiques, la pensée poétique, en particulier dans le théâtre de langues allemande et flamande.

---

126. La dimension utopique est d'ailleurs clairement revendiquée par Heiner Goebbels. Voir par exemple l'interview « Ensemble, Team & Polyphony... But in Strong Artistic Experience One is Always Alone», dans *Being-With in Contemporary Performing Arts*, sous la direction d'Eliane BEAUFILS et Eva HOLLING, Neofelis, Berlin, à paraître 2018.

L'OBJET TECHNIQUE EN VILLE : À PROPOS DES ESPACES DISCURSIFS DE DRIES VERHOEVEN

Katia Arfara

Cet article tentera une approche critique du projet urbain *No Man's Land* de Dries Verhoeven. Présenté pour la première fois à Utrecht en 2008 dans le contexte du Festival aan de Werf, ce spectacle a ensuite été réalisé dans plusieurs villes européennes en s'adaptant à des contextes sociopolitiques divers. L'article s'attachera à étudier comment la réappropriation des objets technologiques conventionnels tels que les casques d'écoute et la *camera obscura* altère l'interaction de l'artiste avec l'espace environnant et interroge le rôle du spectateur. Plus spécifiquement, nous examinerons comment l'intégration des objets techniques dans des projets publics transforme les modalités de la production et de la réception, tout en réactivant le lien traditionnel du théâtre avec l'espace public, l'espace étant considéré, selon Michel de Certeau, comme un « lieu pratiqué », dénué de toute indication de stabilité ou d'univocité, produit par des opérations qui l'orientent, le circonstancient, le temporalisent[127].

Des espaces mentaux

Provenant de la scénographie et des arts plastiques, Dries Verhoeven intervient depuis 2002 dans des espaces publics, des musées et des lieux non conventionnels, avec des projets complexes qui évoluent aux limites de la performance, de la chorégraphie sociale,

---

127. Michel de CERTEAU, « Pratiques d'espace », *L'invention du quotidien. 1. arts de faire*, Paris : Gallimard, coll. « folio », 1990, p. 173.

de l'installation, du film et du théâtre documentaire. Par définition interdisciplinaires, ces projets s'inscrivent dans le genre du théâtre *site-specific* comme une forme d'art esthétiquement définie qui ne brouille pas les frontières entre l'art et la vie, mais qui les transforme. Il s'agit d'un théâtre urbain qui a pour but de subvertir les liens sociaux bien déterminés, les géographies humaines homogènes, les idéologies dominantes et les conceptions traditionnelles de l'espace privé et public afin de faire surgir de nouveaux modes de création.

Cette analyse se focalisera sur la réalisation de *No Man's Land* à Athènes dans le contexte du premier Festival *Fast Forward* du Centre Culturel Onassis que j'ai mis en place en mai 2014. Dans une ville à forte diversité culturelle et sociale comme Athènes, des projets socialement engagés comme *No Man's Land* constituent une opportunité unique de questionner la politique culturelle et de l'élargir vers de nouvelles formes de production qui provoquent des croisements discursifs entre la sphère publique et la sphère privée. Au même moment, ces projets peuvent remodeler le rapport des spectateurs à la Cité. S'ils parviennent à repousser les frontières du domaine esthétique, ils posent aussi des interrogations sur nos identités, nos différences culturelles et nos subjectivités politiques.

Réalisé à Athènes, une ville polarisée ces dernier temps par des phénomènes sociaux extrêmes[128], ce projet a exigé une longue période de recherche et de préparation, en collaboration avec l'organisation de migrants *Asante* et une équipe de dramaturges, producteurs et architectes. La dramaturgie du spectacle s'est concentrée sur la relation d'un spectateur avec un immigrant ou un refugié et s'est articulée autour de vingt trajets différents.

Le plan d'action de Dries Verhoeven est le suivant : chaque spectateur doit accorder sa confiance à un guide/migrant[129] et ensuite le suivre dans une promenade dans la ville, muni d'écouteurs dans

---

128. Des clivages dangereux du type « locaux » et « étrangers », « nouveaux venus » et « anciens », ont marqué la vie publique du centre d'Athènes ces années de crise « plurielle ». Certains quartiers ont été stigmatisés par des conflits au sens propre et figuré entre d'une part les immigrants, les réfugiés et les nombreuses associations de solidarité et d'autre part les « comités des habitants » sympathisants du parti néonazi Aube Dorée.

129. À Athènes, l'équipe de *No Man's Land* était composée de collaborateurs permanents de Dries Verhoeven qui participent au projet depuis sa première mondiale et de migrants recrutés sur place qui n'avaient pas nécessairement un lien professionnel avec le monde du spectacle.

lesquels il entend une histoire. Le point de départ était la station de métro sur la place de Monastiraki, dans le centre historique d'Athènes, tandis que le point d'arrivée, un *no man's land* dans le quartier périphérique du centre, Votanikos, devait rester inconnu. Le spectacle *No Man's Land* se fonde donc sur des relations de confiance mutuelle – entre les immigrants et l'artiste, entre les guides/migrants et les spectateurs qui les suivent sans savoir quelle sera leur destination : seul élément donné, la station de métro à Monastiraki. Ainsi, Dries Verhoeven choisit comme point de départ un *non-lieu* empirique. En effet, selon Henri Lefebvre, les *non-lieux* empiriques constituent un élément de la convention urbaine moderne et sont nés de l'éclatement de la ville traditionnelle[130]. Il s'agit d'une convention de cohabitation originale qui nécessite de se mettre en place autour de nouveaux centres, de nouvelles façons de se rassembler, comme les espaces de consommation (centres commerciaux) et les espaces de circulation telle que la station de métro. Autrement dit, nous avons affaire à un nouveau modèle de rassemblement : sur les non-lieux, nous coexistons sans cohabiter car la vitesse avec laquelle nous progressons impose la coexistence mais empêche la rencontre avec l'Autre.

No Man's Land a comme point de départ un non-lieu de cette sorte, dont il détourne l'usage puisqu'il en fait un point de rencontre avec l'Étranger, le migrant : placés en rang, l'un à côté de l'autre, les spectateurs portent leur casque et tiennent en main un papier blanc avec le nom de leur guide qui surgissent lentement de la foule des badauds ou des passants en murmurant l'aria « La mort de Didon » de l'opéra de Henri Purcell *Didon et Énée* qu'on entend avec nos écouteurs. Cette modalité originale (pour un non-lieu) devient perceptible en raison de sa durée mais aussi grâce aux passants qui, à leur tour et sans l'avoir choisi (ou sans en être conscients), vont faire partie du spectacle. Par la suite, les spectateurs sont invités par les

---

130. Henry LEFEBVRE, *Le Droit à la ville II – Espace et Politique*, Paris, Éditions Anthropos, 1972. Lefebvre considérait que « l'urbain se distingue de la ville précisément parce qu'il apparaît et se manifeste au cours de l'éclatement de la ville, mais il permet d'en reconsidérer et même d'en comprendre certains aspects qui longtemps passèrent inaperçus : la centralité, l'espace comme lieu de rencontre, la monumentalité etc ». Lefebvre voyait déjà dans cet « éclatement de la ville » et la généralisation de l'urbain à l'échelle de la société toute entière, « la généralisation de l'échange et du monde de la marchandise » (p.205).

guides à les suivre dans un trajet en duo dans la ville. En d'autres termes, les « rôles » sociaux sont inversés puisque le spectateur se met littéralement à la place de son guide/migrant. L'itinéraire durera environ une heure sans aucune communication verbale avec notre guide. Notre relation restera médiatisée tout au long du trajet : tout passe par le regard, par des micro-gestes et des danses, tandis que la parole est « déplacée » dans nos écouteurs, excluant toute possibilité de dialogue verbal.

No Man's Land, Dries Verhoeven. Photo: Stavros Petropoulos. Courtesy Onassis Cultural Centre/Fast Forward Festival 1, Athens.

Un théâtre migratoire

Il me semble intéressant ici d'évoquer la distinction faite par Deleuze et Guattari entre le migrant et le nomade : contrairement au nomade qui a un territoire, un espace « *ouvert,* indéfini, non communiquant[131] » autour de la Cité et ne cherche pas à le quitter, le migrant quitte son territoire « devenu amorphe ou ingrat[132] » et ne suit pas des parcours connus et tout tracés, il ne sait pas exactement où il

---

131. Gilles DELEUZE, Félix GUATTARI, *Capitalisme et Schizophrénie. Mille Plateaux,* Paris, Les Editions de Minuit, coll. « Critique », 1980, p.472.
132. *Ibid.*

va[133]. Le théâtre de Verhoeven n'est pas un « théâtre nomade[134] » mais un théâtre plutôt migratoire qui se définit par le mouvement et nous invite à repenser l'espace public de la ville à travers des expériences migratoires et des perspectives minoritaires.

Élaborés dans leurs plus infimes détails par une équipe d'architectes et d'urbanistes, ces vingt itinéraires ont révélé la complexité et la non-fixité de la géographie de la ville. La notion de plan a contribué de manière décisive à l'élaboration de ce projet dans le centre historique d'Athènes car elle a su révéler des façons multiples non seulement de percevoir l'espace mais aussi de le transformer. Les itinéraires tracés par les urbanistes constituent un nouvel ordre spatial qui ne s'inscrit pas dans les trajectoires habituelles de la ville : cette promenade ne contient rien de spectaculaire ni de fonctionnel ; c'est un parcours *sub-urbain*, sans qualités ni traits distinctifs, qui nous propose de ré-imaginer la géographie d'Athènes et de repenser son hétérogénéité à travers une trajectoire « personnalisée ». Face aux possibilités fixées « par l'ordre bâti » du réseau urbain, Verhoeven choisit un certain nombre de dérives. C'est l'acte de marcher *dans* la ville en créant des raccourcis, des arrêts, des croisements ou des détours, qui conditionne notre regard et nous donne la *possibilité* de voir autrement l'espace public et nos rapports avec l'Autre. La marche est un système d'appropriation de la topographie de la ville puisqu'elle a une fonction proprement dite organisatrice. C'est « une *réalisation* spatiale du lieu » (de Certeau) mais chaque forme spatiale ne se concrétise que *dans* et *par* le temps, chaque relation inscrite dans l'espace s'inscrit aussi dans la durée[135]. En choisissant la forme spatiale de l'itinéraire comme principal axe de sa dramaturgie, Verhoeven nous oblige à observer différemment le paysage qui nous entoure en altérant ainsi la façon dont on perçoit notre propre quotidien et nos comportements. Proposant un regard actif et par conséquent « critique » qui recourt sans parti pris à la narration (autant réelle que fictive), cette dramaturgie de l'espace fait surgir tel un palimpseste ce qui ne trouve pas de place dans des discours hégémoniques. Par la

---

133. *Id.*, p. 471.

134. Voir l'usage du terme par Liesbeth Groot Nibbelink dans sa thèse de doctorat *Nomadic Theatre. Staging movement and mobility in contemporary performance* (2015) et plus spécifiquement dans le premier chapitre « Encounter » (p.36-59) [non publiée].

135. Voir Marc Augé, *Non-Lieux. Introduction à une anthropologie de la surmodernité*, Paris, Seuil, coll. La Librairie du XXe siècle, p.76.

tension entre l'« ici » et l'« ailleurs », l'intime et le public, le visible et l'invisible, l'audible et l'inaudible, Verhoeven crée un espace mental du commun ouvert à l'hétérogénéité et à la différence.

La géographie apparente de ces itinéraires « rencontre » la « psycho-géographie » intérieure de la narration transmise à nos oreilles par les écouteurs : c'est l'histoire unique du guide/migrant issue des nombreuses histoires que Dries Verhoeven a collectées à travers ses entretiens avec des immigrants et des réfugiés. L'espace sonore est « habité » par la voix préenregistrée de l'acteur ou de l'actrice qui nous raconte leur « histoire » en grec et à la première personne tandis que leur narration est interrompue par des chansons et des moments de silence. Minutieusement composé, cet espace sonore se distingue ainsi clairement de l'espace tangible. La séparation de la voix et du corps, du son et de l'image rencontre la séparation de la narration avec la biographie de la personne qui nous guide dont nous ne connaîtrons que le prénom : la voix qu'on entend n'est pas la voix de la personne qui nous guide dans la ville, tout comme l'histoire qu'on entend peut-être son histoire mais aussi l'histoire de milliers de personnes qui ont trouvé refuge en Grèce. C'est une histoire plurielle qui contient des micro-histoires et qui échappe à tout psychologisme mais aussi à toute possibilité d'identification. La narration, étant ponctuée par des expressions telles que « j'aurais pu », « vous vous demandez sans doute pourquoi », « vous croyez sans doute », maintient l'histoire à la frontière entre le documentaire et la fiction. Le sens de chaque histoire reste ouvert à nombreuses interprétations liées au sens critique et à l'imagination du spectateur.

Cette impossibilité d'identifier l'histoire transmise par nos écouteurs avec la personne qui nous guide nous empêche d'intégrer le spectacle au genre du théâtre documentaire et contribue à nous faire surmonter les contraintes inhérentes aux rapprochements explicites avec la réalité sociopolitique en Grèce – l'histoire racontée est à la fois locale et globale, individuelle et universelle.

Un espace-temps partagé

No Man's Land s'inscrit dans le genre des « *headphone theatres* » qui se multiplient ces dernières années dans le théâtre contemporain, dans une tentative d'intégrer l'objet technique dans des projets publics en nous invitant à repenser la notion même de la représentation. Dans la plupart des cas, ces artistes confient des performances artistiques à des non professionnels ou à des spécialistes en d'autre domaines, tout en intégrant les spectateurs au sein du spectacle en tant que performeurs. Dans son analyse de « audio tours » de la compagnie berlinoise Rimini Protokoll, une des premières à avoir travaillé dans l'espace public en utilisant des objets techniques, le compositeur et metteur en scène allemand Heiner Goebbels insiste sur l'effet libératoire d'une telle séparation de la vue avec l'ouïe : la « présence acoustique » libère l'imagination du spectateur et en même temps le déstabilise puisqu'il s'ouvre à un champ infini de perceptions. En l'absence d'une représentation, « nous avons l'opportunité de percevoir quelque chose que nous ne connaissons pas réellement, étant donné que la confirmation narcissique du miroir sur une scène nous est refusée[136] ».

Ce que recherche Verhoeven dans cet insolite « théâtre de rue », ce n'est pas l'apparence du réel mais la possibilité que lui offre cette utilisation atypique de la technologie de condenser le tragique de l'existence humaine dans un monde éclaté : l'espace théâtral reste un des ultimes lieux de rencontre possible avec l'Autre.

Jalonnés par des micro-actions (des danses, des chants et des arrêts qui ponctuent notre parcours), ces vingt itinéraires constituent des actions instantanées qui abordent le temps quotidien sans en être coupées : même si nous sommes isolés au niveau acoustique de l'espace environnant, nous ne perdons pas un seul instant le sentiment d'un espace-temps partagé et d'une dramaturgie flexible et ouverte au fortuit et à l'imprévu. Ce que nous expérimentons, ce n'est pas l'absorption dans un espace-temps anhistorique, mais la dilatation du temps. Le caractère interactif de l'événement scénique s'est, en d'autres termes, dilaté, étant donné qu'il ne contient pas uniquement la relation *performer/spectateur* mais également la relation *performer/ spectateur/passant*, ce dernier participant sans le savoir au « jeu ». Les gestes, les regards et les commentaires accidentels des passants constituent des « incidents de la rue » qui fonctionnent comme des trouées du temps actuel dans le temps théâtral où se trouvent plongés les spectateurs en mettant leurs écouteurs. L'aspect polyprismatique du *No Man's Land* réside précisément dans cet élargissement du temps ou, si l'on préfère, dans cette coexistence des différents *présents* : celui du spectateur, celui du narrateur et ceux du guide et du passant.

---

136. Heiner GOEBBELS, « We don't see is what attract us. Four theses on *Cal Cutta* » in Miriam DREYSSE et Florian MALZACHER eds., *Experts of the everyday. The theatre of Rimini Protokoll*, Berlin, Alexander Verlag, 2008, p. 122-123.

No Man's Land, Dries Verhoeven. Photo: Stavros Petropoulos. Courtesy Onassis Cultural Centre/Fast Forward Festival 1, Athens.

Nous faisons l'expérience, d'une certaine manière, de ce que Jacques Rancière nomme *hétérochronies*, en accord avec les *hétérotopies* de Michel Foucault. Si les hétérotopies sont « des sortes de lieux qui sont hors de tous les lieux », puisqu'elles juxtaposent plusieurs espaces qui sont en eux-mêmes incompatibles, les hétérochronies, selon Rancière, combinent, elles aussi, des temps qui seraient normalement incompatibles. L'hétérochronie signifierait en d'autres termes une redistribution des temps, la découverte de nouvelles possibilités de compréhension et d'analyse du présent au-delà de la conception dogmatique de la convergence des temps qui caractérise la logique dominante néolibérale. D'après Rancière, la dimension critique de l'art aujourd'hui réside précisément dans cette hétérogénéité des temps qui peut être considérée comme un nouveau modèle critique[137].

La dramaturgie de *No Man's Land* s'articule autour de trois présents différents (hétérochronies) qui viennent déranger l'ordre linéaire prédominant du temps : l'*ici et maintenant* du spectateur et de son guide va à la rencontre de l'*ici et maintenant* de la ville qu'il traverse en l'observant tout en étant aussi observé, mais aussi de l'*ici*

---

137. Jacques RANCIÈRE, "In What Time Do We Live?", in Marta KUZMA, Pablo LAFUENTE, Peter OSBORNE (eds.), *The State of Things*, London, Office for Contemporary Art Norway and Koenig Books, 2012, p. 34-36.

et maintenant de la voix enregistrée qu'il entend avec ses écouteurs. Ces temporalités parallèles coexistent sans proprement communiquer entre elles si ce n'est mentalement, à un niveau symbolique et poétique. Or elles ne sont pas considérées comme étant « hors-du-temps » ni comme le produit d'un « non-temps ». Elles se situent *dans* le temps, un temps fragmenté toutefois, donc historique.

L'utilisation des écouteurs joue un rôle dramaturgique complexe car elle introduit différentes formes de distanciation : la ville est dissociée de ses bruits, notre guide de sa voix, la voix du narrateur de son visage. On ne voit pas l'acteur ou l'actrice qui raconte l'histoire et on n'entend pas la voix de la personne qui nous guide dans la ville. Les écouteurs nous immergent dans un autre univers sonore et en même temps réactivent notre regard en nous invitant à observer attentivement l'espace environnant. Autrement dit, la narration transmise par nos écouteurs fonctionne comme une sorte de *caméra optique* étant donné qu'elle oblige le spectateur à concentrer son attention sur des détails tant du paysage urbain que de la présence physique en elle-même du guide. L'histoire qu'on entend commence ainsi :

« Ça c'est moi.
Ça ce sont mes mains.
Ça ce sont mes pieds.
Ça c'est mon visage.
(Et) ça ce n'est pas un costume de théâtre.
Je ne ressemble pas à un Grec. Je suis étranger, immigré, si tu préfères.

Réfugié
Politique ou économique, ça tu ne le sais pas encore.
Peut-être même que je suis musulman.
Ou peut-être que je suis ici en vacances, ça aussi c'est possible.
Ça c'est la version plus plaisante.
Ça ce n'est pas ma voix.
Ça ce n'est pas ma langue.
Ça c'est la voix d'un acteur.
Plus tu m'observes plus je te parais étranger.
Quelqu'un qui en réalité ne parle pas si bien que ça le grec.
Pourtant, la voix grecque fait que tu vois et entends les choses différemment. »

L'environnement sonore active la perception indépendamment de notre regard mais toujours en relation avec lui – ce que nous voyons coexiste mais se dissocie de ce que nous entendons ou, autrement dit, nous n'entendons pas ce que nous voyons et nous ne voyons pas ce que nous entendons. L'utilisation des écouteurs mobilise par conséquent l'imagination et amène le spectateur à une perception élargie : tout ce qui se passe autour de lui, dans la rue, entre dynamiquement dans son champ visuel en lui imposant une manière de voir et de percevoir complexe, à la fois intime et publique. Au-delà de la transgression de la stricte distinction séparant l'espace privé du public (l'espace privé étant défini ici comme équivalent du foyer et de la famille), Dries Verhoeven nous invite à renégocier la notion même d'espace public en proposant de nouvelles possibilités d'être ensemble. La définition de la sphère publique (bourgeoise) normative et homogène selon Habermas ne peut désormais être mise en rapport qu'historiquement avec les sociétés modernes, polymorphes et en constante évolution. À la place, nous avons des sous-groupes, des communautés alternatives (celles que Michael Warner nomme *counterpublics*) qui ont la possibilité de pénétrer dans l'espace public et de radicalement transformer les caractéristiques établies, l'identité dominante, les usages traditionnels. Il s'agit de « formations particulières parallèles d'un caractère mineur ou même subalterne, où d'autres discours et pratiques, même opposés, peuvent être formulés et diffusés » entraînant « un renversement des espaces existants dans d'autres pratiques et identités[138] ».

La communauté hétérogène constituée par les quarante personnes qui parcouraient les rues d'Athènes, en évoluant dans des espace-temps parallèles pendant environ une heure, a constitué en un certain sens un groupe alternatif, un *counterpublic* qui a fait l'expérience d'une manière *autre* de coexister dans la ville.

Une intimité troublante

L'espace imaginaire dans lequel ces vingt spectateurs ont « cohabité » avec leurs guides prend véritablement corps à la fin de l'itinéraire, lorsque chaque spectateur traverse le « vide urbain » aménagé avec du sable en épluchant une mandarine que vient de lui offrir son guide en

---

138. Simon Sʜᴇɪᴋʜ, "In the Place of the Public Sphere? An Introduction" in Simon Sʜᴇɪᴋʜ (éd.), *In the Place of the Public Sphere?*, Berlin, B.Books, "Critical Readers in Visual Cultures #5", 2005, p. 8-9.

le regardant pour une dernière fois dans les yeux : son regard non seulement brise le cadre de la fiction ontologique de l'inexistence du spectateur mais installe un sens du partage - d'un espace, d'un temps, d'une histoire, d'une émotion. En même temps, le fait d'activer l'odorat et le toucher libère un sentiment d'intimité inattendu qui intègre l'espace tactile à l'espace sonore et visuel du spectacle.

En arrivant à la fin de notre trajet dans ce *no man's land*, le spectateur entre avec son guide (simultanément avec les autres « couples ») dans l'une des petites pièces obscures en bois disposées l'une à côté de l'autre dans une scénographie simple et explicitement théâtrale qui reflète, à travers sa linéarité, la façon dont sont placés les spectateurs au point de départ à la station de Monastiraki. Chaque spectateur reste pour quelques minutes dans le noir dans cette petite pièce isolée des bruits de la ville et entend – cette fois-ci sans voir – pour la première fois la vraie voix de son guide. Son chant dans sa langue natale crée une intimité troublante : nous sommes à la fois « ici » et « ailleurs », ensemble et seuls. Quelques minutes plus tard (au son du *Winterreise* de Schubert), le spectateur découvre grâce à une *camera obscura* le reflet inversé de son guide qui tient une feuille de papier avec cette fois-ci le prénom de son compagnon de route, le prénom du spectateur. Comme Liesbeth Groot Nibbelink le remarque « c'est à la fois une inversion littérale, visuelle, et une inversion du début de la performance, indicative de l'auto-réflexivité de la performance », l'inversion restant l'une des stratégies principales de ce projet urbain[139]. À la fin du parcours, nous revenons à nos identités, la *camera obscura* fonctionnant comme une sorte de miroir. Le miroir, écrit Michel Foucault, constitue une sorte d'expérience de l'espace mixte, mitoyenne, puisqu'elle est à la fois utopie et hétérotopie :

> « Le miroir, après tout, c'est une utopie, puisque c'est un lieu sans lieu. Dans le miroir, je me vois là où je ne suis pas, dans un espace irréel qui s'ouvre virtuellement derrière la surface, je suis là-bas, là où je ne suis pas, une sorte d'ombre qui me donne à moi-même ma propre visibilité, qui me permet de me regarder là où je suis absent – utopie du miroir. Mais c'est également une hétérotopie, dans la mesure où le miroir existe réellement, et où il a, sur la place que j'occupe, une sorte d'effet en retour ; c'est à partir

---

139. Liesbeth Groot Nibbelink, *Nomadic Theatre*, op.cit., p. 56.

du miroir que je me découvre absent à la place où je suis puisque je me vois là-bas[140] ».

C'est à travers un vieil objet technologique comme la *camera obscura* que nous croisons une dernière fois le regard de notre guide, un regard en réalité auto-référentiel puisqu'il nous oblige à repenser notre identité et notre façon d'exister dans cette ville.

No Man's Land, Dries Verhoeven. Photo: Stavros Petropoulos. Courtesy Onassis Cultural Centre/Fast Forward Festival 1, Athens.

L'objet technologique comme moyen de subversion

La fonction politique du théâtre de Dries Verhoeven consiste justement dans ce point de rencontre entre la réalité virtuelle, poétique, imaginaire et la réalité tangible à travers l'appropriation d'objets technologiques simples. Les écouteurs deviennent le medium de subversion de la relation traditionnelle du spectateur avec le performeur, tout en déplaçant le théâtre dans l'espace urbain d'une façon à la fois visible et intime, en tout cas inaudible. À la fin de notre trajet, nous nous apercevons que « nous nous trouvions impliqués dans une situation pleine d'intimité, en dépit de la médiation technologique

---

140. Michel FOUCAULT, *Dits et écrits 1984, Tome IV*, texte 360, « Des espaces autres (1967) Hétérotopies ».

[...] La médiation des écouteurs entrave la rencontre mais invite également à réapprécier et prendre conscience du temps présent partagé[141] ». C'est une rencontre mentale[142] qui vient perturber l'ordre établi des choses puisqu'elle entre en conflit avec le modèle normatif dominant de l'espace public, donnant naissance à un nouveau champ de possibilités de coexistence et de cohabitation. En même temps, le projet urbain de Dries Verhoeven critique les moyens de surveillance dans l'espace public et les limites imposées à notre liberté de mouvements et de comportements.

No Man's Land participe ainsi de la réflexion explicitement moderne sur le développement historique des moyens de production du sens – et encore au-delà, sur la façon avec laquelle on écrit désormais l'Histoire. Non pas l'Histoire Globale, qui resserrait, comme le précise Foucault, tous les phénomènes autour d'un centre unique et d'une vision homogène du monde destinée à nous soumettre aux mêmes stabilités sociales, aux mêmes structures économiques et aux mêmes comportements politiques[143]. Dries Verhoeven s'intéresse à cette *autre* Histoire qui déploie « l'espace de dispersion et de spécificité », en cherchant à obtenir « une pluralité d'histoires » en tant qu'alternative au caractère normatif des Grands Récits. « Dans un monde plein de gestes rassurants », explique l'artiste en rejetant la nature hégémonique de toute forme de consensus, le plus grand danger serait « d'oublier que l'espace public peut être aussi un lieu de disharmonie, où peut se faire entendre une multitude de voix[144] ».

En reflétant la thèse de Chantal Mouffe selon laquelle le dissensus est la condition même de la démocratie[145], Verhoeven nous invite à repenser la ville, autrement dit à repenser la pluralité et la diversité de ses espaces, et par conséquent, la multiplicité de notre rapport à l'Autre. L'espace public est du reste notre miroir.

---

141. L. Groot Nibbelink, *op.cit.*

142. C'est intéressant de souligner que le spectateur n'aura jamais l'occasion de parler à son guide. Au moment où il sort de la petite pièce en bois, les guides sont disparus.

143. Michel Foucault, *L'archéologie du savoir*, Paris, Gallimard, coll. Bibliothèque des Sciences Humaines, 1969, p. 15-20.

144. « Scratching where it hurts », Interview de Dries Verhoeven avec Robbert van Heuven in Dries Verhoeven, *Scratching where it hurts. Works 2012-2015*, 2016 (n.p.).

145. Chantal Mouffe, *Agonistique. Penser politiquement le monde*, trad. Denyse Beaulieu, Paris, Editions Beaux-Arts, 2014, p. 29.

Katia Arfara est chercheuse, docteure en histoire de l'art de Paris I-Panthéon/Sorbonne et commissaire dans les arts de la scène. Ses essais sur des créations intermédiales et l'art public sont parus dans diverses revues et anthologies critiques. Elle enseigne en France et en Grèce. Dr Arfara est membre du groupe *Intermediality* de la FIRT et chercheuse associée au Centre d'Histoire et Théorie des Arts (Cehta, EHESS). Elle est l'auteure de *Théâtralités contemporaines* (2011), l'éditrice de « Scènes en transition : Balkans et Grèce » (*Théâtre/Public,* n. 222, 2016) et la coéditrice de *Intermedial Performance and Politics in the Public Sphere* (2019, à paraître). En tant que directrice artistique en charge du théâtre et de la dance au Centre Culturel Onassis-Athènes, elle a fondé en 2014 le festival pluridisciplinaire Fast Forward.

Médiaturgie et enchevêtrement technologique dans *La bibliothèque, la nuit* de Robert Lepage

Hervé Guay

Les sciences et la poésie qui s'en dégage ainsi que les arts à fort contenu scientifique, comme l'architecture, occupent beaucoup l'imagination de Robert Lepage, que cela inspire tant au plan thématique, dramaturgique qu'esthétique. Non seulement son théâtre est-il peuplé d'un très grand nombre d'objets scéniques, mais beaucoup renvoient à des découvertes technologiques, certaines à l'usage répandu, d'autres, d'emploi plus restreint, mais toutes possédant la possibilité de renouveler l'esthétique théâtrale. D'ailleurs, le créateur aime autant en exploiter les potentialités poétiques et concrètes sur scène que miser sur la puissance métaphorique associée à des technologies et à des objets précis pour rejoindre un spectateur aussi fasciné que lui par l'invention d'appareils et de machines de toutes tailles. Il est certes significatif que cette dimension figure dans l'appellation même de sa compagnie (Ex Machina), mais on n'en finirait pas de citer les titres de spectacles de Lepage où transparaît de près ou de loin cette fascination pour la science et la technique : de *Vinci* (1986) et du *Polygraphe* (1987) (ou détecteur de mensonge) aux *Plaques tectoniques* (1988), en passant par *La géométrie des miracles* (1998), où est évoqué l'architecte Frank Lloyd Wright, et *La face cachée de la lune* (2000), jusqu'à *Lipsynch* (2007). Ce serait également compter sans toutes les productions où le metteur en scène oriente sa scénographie ou fait graviter l'action autour d'un objet, tel le puits de pétrole de *Pour en finir une fois pour toutes avec Carmen* (1987), le téléphone mobile qui lui a permis de généraliser l'usage des dialogues tronqués dans ses solos, le mur de lattes ondulantes du *Ring* de Wagner ou, plus récemment, la maquette animée et manipulable de l'immeuble de son enfance dans *887* (2015).

Ce fourmillement d'objets et de technologies n'est sans doute pas étranger à la méthode REPERE utilisée par Lepage à ses débuts où il est suggéré aux créateurs de partir des ressources sensibles qui nourriront par la suite tous les aspects du projet, de la fable au jeu des comédiens. Mais c'est aussi que, pour Lepage, féru de métamorphoses, un objet peut en cacher un autre et qu'il se fabrique parfois sous nos yeux, comme la fusée de *La face cachée de la lune*, de telles sorte que celui-ci participe à la fois à la mise en mouvement, au ludisme et à la théâtralité de la représentation. À cette fin, le créateur s'avère en outre aussi admiratif des technologies du passé qu'au fait de celles d'aujourd'hui, entouré qu'il est d'une équipe technique prête à l'aider à renouveler l'usage scénique d'une technologie ancienne comme à intégrer les développements les plus récents de l'industrie à tout projet qui le nécessiterait.

Travailler hors de la scène

Bien qu'il eût été aisé d'analyser l'usage des objets techniques dans ses productions théâtrales, le présent article abordera sous un angle esthétique et intermédial l'emploi que l'artiste multimédiatique fait du casque de réalité virtuelle dans *La bibliothèque, la nuit* où il intègre cet appareil pour la première fois. Cet opus fait partie de ce que l'on pourrait appeler les pratiques parathéâtrales de Lepage, travail à ranger dans la même catégorie, par exemple, que *Le moulin à images* (2008) qu'il a conçu pour le 400e anniversaire de Québec. Les deux projets se passent pour ainsi dire de scène (et même d'acteurs en présentiel), font appel à des images en mouvement, qu'il s'agisse d'animation, d'images tournées dans des lieux réels ou d'un mélange des deux, sans pour autant tenir de l'œuvre purement filmique. De plus, le travail rompt dans les deux cas avec le dispositif frontal de la scène à l'italienne, que l'auteur, metteur en scène et acteur privilégie d'ordinaire dans les productions qu'il destine aux arts de la scène, bien qu'il ait de temps à autre cherché à explorer d'autres possibles[146].

---

146. C'était le cas des *Plaques tectoniques* (1988) qui accentuait la vue en surplomb du public par l'installation de gradins à la pente très accusée, de *Kà* (2005) qu'il a signé pour le Cirque du Soleil où les interprètes évoluent, à revers de la gravité, sur un mur perpendiculaire au plateau, de même que de *Pique* (2012) et *Cœur* (2013) où il

D'ailleurs, quand il faut s'adapter à un nouvel environnement, composer avec des éléments inédits et concevoir un dispositif spécialement pensé en fonction d'un événement donné, le metteur en scène aime bien profiter des nouvelles contraintes qui lui sont imposées pour développer des solutions originales. Cela lui permet alors de recourir à des outils sur lesquels il n'aurait pas tablé en d'autres circonstances. Lepage le confirme d'ailleurs lors d'un entretien collectif qu'il a accordée dans le cadre d'un événement destiné aux étudiants de l'École Polytechnique de Montréal :

> « À chaque fois que l'on [*Ex Machina*] se fait offrir un projet, que ce soit la tétralogie de Wagner ou autre chose, j'essaie de trouver ce qui va être ludique pour moi, ma compagnie et mon équipe. Quels vont être les défis ? Qu'est-ce qui va nous emmener sur des sentiers dans lesquels on n'est jamais allés ?[147] »

La bibliothèque, la nuit s'inscrit tout à fait dans la foulée des projets qui stimulent l'imagination technique de l'équipe d'*Ex Machina*. Commande de la Bibliothèque nationale et archives nationales du Québec (BaNQ), l'exposition était appelée à souligner le 10e anniversaire de la Grande Bibliothèque, vaste espace culturel installé en plein cœur du quartier latin de Montréal. Le thème de l'événement, présenté du 27 octobre 2015 au 28 août 2016[148], est tiré de l'ouvrage portant le même titre publié par l'auteur canadien d'origine argentine, Alberto Manguel. Ayant fait sien le thème imposé, le metteur en scène de Québec demeurait bien entendu libre du traitement à lui accorder. L'exploration de l'imaginaire nocturne des bibliothèques est donc à la source du projet proposé par Lepage, sans qu'au départ, il ait été question de faire appel à la réalité augmentée ou à un casque de réalité virtuelle pour mieux faire pénétrer le spectateur dans l'univers des bibliothèques. La technologie s'est toutefois révélée adéquate

---

a travaillé à partir d'une scène circulaire qui l'obligeait à concevoir une scénographie adaptée à cette aire de jeu plus fréquente au cirque qu'au théâtre.

147. Transcription de « Ludisme et contraintes. Extraits d'un entretien collectif avec Robert Lepage », à paraître dans *La scène numérique*, collectif dirigé par Izabella PLUTA.

148. L'exposition a été reprise et légèrement adaptée à la Bibliothèque nationale de France sous le titre *La bibliothèque, la nuit. Bibliothèques mythiques en réalité virtuelle*, du 16 mai au 13 août 2017.

pour structurer la « médiaturgie[149] » d'un périple immersif en deux temps, dont la visée didactique n'empêche nullement les détours spéculatifs et poétiques. Son intégration permet aussi à Lepage de mettre en évidence le soubassement technologique de toute bibliothèque qu'il considère ainsi comme un hypermédia[150].

Visiteur et spectateur

Bien que *La bibliothèque, la nuit* ait été conçue pour une institution attachée à la mise en valeur du patrimoine documentaire et que l'on puisse, de ce fait, contester son appartenance à l'esthétique théâtrale, l'exposition est minimalement l'ouvrage d'un metteur en scène qui exploite les moyens du théâtre et les technologies pour entraîner le visiteur, ainsi que le précise le communiqué de l'événement, dans « un fabuleux voyage dans le temps et de par le monde ». Même si le terme visiteur est employé dans ce communiqué pour désigner le récepteur de cet événement, celui-ci gagnerait plutôt à être considéré minimalement comme un visiteur-spectateur, étant donné que sa visite comporte deux temps d'arrêt où un spectacle lui est offert dans une salle organisée et scénographiée à cette fin. La double-désignation permettrait en outre de souligner l'hétéromorphie de ce projet qui ne rompt pas tellement sur ce point avec toute une frange de la production de Lepage ; projet qui appelle de ce fait une attention accrue à sa matérialité et au rôle du récepteur dans son appropriation. Or, ce qui est plus rare chez lui, c'est que ce travail, tenant de l'exposition, des arts de la scène et des arts technologiques, rassemble un public restreint, comme c'est fréquemment le cas, au théâtre, quand un créateur veut particulariser l'espace du spectateur et le rôle qu'il

---

149. « This term refers to a particular focus on methods of composition in media works that I hope will suggest new critical modes of comprehending and writing about them. In the present context, I have moved away from the familiar use of "dramaturgy" because of its historical ties to drama, and now prefer "mediaturgy," which situates media as the center of study, though I am acutely aware of the tension between these two terms. » Bonnie Marranca, « Performance as Design. The mediaturgy of John Jesurun's Firewall », *Journal of Performance and Art*, no 96, 2010, p. 16.
150. Pour Chiel Kattenbelt, un hypermédia est un média qui peut aisément en incorporer d'autres. Pour lui, le théâtre illustre très bien ce qu'est un hypermédia. S'il ne les mentionne pas, musée et bibliothèque collent toutefois très bien à sa définition. Voir à ce sujet Chiel Kattenbelt, « Theatre as the Art of the Performer and the Stage of Intermediality » dans Freda CHAPPLES et Chiel KATTENBELT, *Intermediality in Theatre and Performance*, Rodopi, Amsterdam/New York, 2006, p. 29-39.

occupe dans le spectacle. De plus, à l'instar d'une représentation, cette « visite » s'effectue selon une durée précise, ce qui en accuse la similarité avec un spectacle, mais transformé par l'enchevêtrement des technologies[151]. De ce point de vue, la manipulation du casque confiée au récepteur qui est aussi le destinataire de ses effets n'est que l'un des usages des médias qui participe à la structuration médiaturgique de l'ensemble.

Cette médiaturgie repose notamment sur deux scénographies contrastées, où il est demandé aux participants de s'asseoir longuement, dont les liens sont étroits avec la thématique du projet comme avec la curiosité de Lepage à l'égard des sciences et des technologies. C'est ce qui mène au déplacement principal auquel Lepage procède en passant d'une dramaturgie à une médiaturgie : plutôt que de tabler sur un personnage qui parcourt le monde pour mieux se connaître[152], *topos* de tant de ses pièces, il fait du visiteur/spectateur de passage dans ces deux salles le protagoniste de cette exploration du monde des bibliothèques. Spectateur, il l'est bien un peu, puisqu'il part à la découverte de ces lieux intrigants sans quitter son « fauteuil » au cours des temps d'arrêt qui lui permettent de se concentrer sur l'histoire ou plutôt les histoires qu'on lui raconte. Mais aussi tel un visiteur qui arpente une exposition, ce dernier a droit à des informations quant aux lieux visités, aux technologies qui y sont employées, aux usages passés et présents des endroits sélectionnés, la bibliothèque s'avérant un objet d'exposition qui s'offre non seulement au regard et à l'ouïe mais dont il peut jusqu'à un certain point ressentir la configuration spatiale en raison des deux technologies immersives employées. Certes, l'une de ces deux technologies, la plus récente, celle de l'immersion vidéo à 360 degrés a été davantage publicisée que l'autre, mais elles sont toutes les deux indispensables à sa médiaturgie comme à l'emmêlement des technologies qui y advient. Deviennent ainsi artefacts exhibés onze bibliothèques : la première

---

151. C'est la thèse développée par Chris Salter selon qui « la performance est partie intégrante de l'histoire des technologies ». Cette vision s'arrime très bien à celle de médiaturgie énoncée par Marranca. Chris SALTER, *Entangled. Technology and transformation of performance*, The MIT Press, Cambridge/Londres, 2010, p. xxiii. Je traduis.
152. « Each of his projects inevitably deals with a main character going into a new country or environment, and discovering something about themselves in the new location that significantly changes their life », Aleksandar Sasa DUNDJEROVIC, Robert LEPAGE, Routeledge, New York, 2009, p. 4.

est privée, individuelle, c'est celle d'Alberto Manguel sur laquelle s'ouvre l'exposition et que le récepteur peut contempler sur place ; neuf sont collectives et une seule, fictionnelle, mais ces dix-là surgissent par le truchement du casque de réalité virtuelle.

La singularisation de la réception

Revenons un instant sur cette proposition pour mieux en comprendre l'esthétique. La première partie de *La bibliothèque, la nuit* fait pénétrer le spectateur dans une pièce relativement petite baignant dans des lumières ambrées. Il découvre, reconstituée sur place, la bibliothèque personnelle de l'écrivain canadien et auteur d'*Histoire de la lecture*[153]. On lui a remis au préalable un casque de réalité virtuelle dont il sera ensuite amené à tester les fonctionnalités dans ce petit espace où il lui faut d'abord trouver une place pour s'asseoir directement sur le sol, comme s'il assistait à un spectacle pour enfants. Où qu'il regarde, les murs de la salle sont couverts de livres. Par conséquent, quel que soit le point de la salle rectangulaire de petite taille qu'il occupera, cela le mettra inévitablement en contact avec les ouvrages que possède l'écrivain. La voix enregistrée qui se fera entendre, une fois les visiteurs entrés, sera également celle du propriétaire de la bibliothèque minutieusement mais partiellement reconstituée. L'*incipit* de cette narration donne le ton : « On entre dans une bibliothèque comme on entre dans une forêt. » Porté par cette métaphore puissante, Manguel entretient alors ceux et celles qui se sont procurés des laissez-passer de sa vision des bibliothèques, de l'ordre qui y prévaut, des critères d'indexation et de catalogage que celles-ci adoptent et de bien d'autres choses, ce qui incite en retour les destinataires de sa narration à jeter un coup d'œil aux livres qui la composent, à émettre des hypothèses sur les critères régissant le type de classement qu'il a opéré, etc. Notons également la présence d'un guide, rappel intermittent du réel, dans cette atmosphère nappée d'une lenteur certaine, qui flirte avec la spéculation et la rêverie. C'est le hasard de sa position dans la file d'attente qui dictera la position du visiteur/spectateur dans la salle, différente de toute autre, laquelle répond ici à la singularité de toute bibliothèque personnelle. Espace privé où je ne suis pas forcément invité à entrer quand je

---

153. Située à Mondion, dans le Poitou, en France, dans un ancien presbytère, la bibliothèque de ce lecteur avide et impénitent comportait 30 000 volumes au moment de la tenue de l'exposition à Montréal.

visite quelqu'un, dont je m'approche généralement avec précaution, peut-être justement parce que ces rayons comportent leur lot d'informations et de secrets sur la vie personnelle, intellectuelle et imaginaire de tout lecteur[154]. L'interrogation de Manguel quant au contenu, au classement, au rôle et aux usages des bibliothèques ne peut que stimuler l'imagination et susciter des réactions diverses de la part de ceux et celles qui ont forcément un autre rapport aux livres que ce dernier. « Tiens, il a lu ce roman. Il s'intéresse à telles idées, je n'aurais pas cru. Quel éclectisme ! Je me demande bien ce qu'il a placé là-haut. »

Il y a d'ailleurs une parenté frappante entre la quasi promiscuité dans laquelle cette pièce plonge le groupe et l'intime qui s'exprime, dans la composition de toute collection de livres, ainsi que le soutient Manguel. Le confinement de la quarantaine de visiteurs-spectateurs dans une bibliothèque privée où ils sont entourés d'une collection à la fois étrange et familière ainsi que les propos érudits distillés s'unissent donc pour faire de la quinzaine de minutes que dure le segment un moment privilégié de découverte à la fois concrète (taille, usure et titre des livres, grain et ton de la voix, etc.) et abstraite (savoir, rêverie poétique) de tout un pan de la personnalité d'un écrivain que la majorité du public connaît sans doute très peu, sinon pas du tout. L'un des paradoxes de cette partie est également de conférer à cette entrée et à cet arrêt dans une bibliothèque privée un caractère solennel et collectif sans que le passage dans cette salle soit pour autant dépourvu de personnalisation.

Cette première partie répond à cet égard à la plupart des critères fixés par Josephine Machon pour considérer une expérience artistique comme immersive : à savoir que le spectateur soit physiquement transporté dans un autre monde, qu'il y règne une conscience exceptionnelle de l'espace et du temps, que la scénographie du lieu y contribue, qu'une certaine interdisciplinarité s'y déploie, que le corps et l'imagination soient tous deux sollicités et qu'une participation régie par certaines règles soit prévue[155]. Sur ce dernier point, bien que la marge de manœuvre laissée aux participants puisse paraître limitée (explorer la pièce des yeux, y circuler, toucher les ob-

---

154. Le texte de Manguel met rapidement le récepteur sur cette piste : « une bibliothèque privée est donc une autobiographie de son lecteur ».
155. Josephine MACHON, *Immersive Theatres. Intimacy and immediacy in contemporary performance*, Palgrave MacMillan, Basingstoke, 2013, pp. 93-100.

jets qui s'y trouvent, choisir sa place, écouter la narration, etc.), elle existe néanmoins davantage que dans la majorité des pièces et des expositions. Et il est tentant d'y voir s'esquisser une première manipulation, bien que timide, du média « bibliothèque » au centre de l'exposition, de rappeler à tout au moins au public de l'événement la sensorialité attachée à la contemplation, à l'emprunt et à la lecture des livres réunis dans une collection privée.

La seconde partie de *La bibliothèque, la nuit* fait passer celui qui a réservé son laisser-passer d'un spectacle collectif à un spectacle surtout privé en l'invitant à s'installer avec son casque de réalité virtuelle à une table de lecture qu'il partage néanmoins avec quelques participants. Plongée dans la pénombre, la pièce qui l'accueille est beaucoup plus grande que la précédente ; c'est une salle de lecture au décor étrange, en ceci que des troncs d'arbres – poursuite de la métaphore filée de la forêt – entourent les tables et les fauteuils des participants. Dans cette forêt, symbole de toutes les bifurcations possibles, c'est assis sur ce fauteuil pivotant en bois avec le repère spatial de la table de même matière, pour guider sa proprioception, que le porteur du casque va découvrir dix bibliothèques célèbres grâce aux potentialités de l'immersion à 360 degrés. Matérialisation des différents chemins émanant du labyrinthe que constitue toute bibliothèque selon Borgès, le participant peut sélectionner l'ordre selon lequel il désire les « visiter » grâce aux emblèmes qui mènent aux images que l'équipe de Lepage a tourné de ces lieux culturels. Dans la visite de chacune de ces bibliothèques, la voix et le commentaire de Manguel continuent à l'envelopper et à le maintenir dans une atmosphère propice à la rêverie. Cependant, au lieu d'être tourné vers la découverte d'un individu et de sa bibliothèque, le périple ouvre vers un ailleurs fascinant constitué d'institutions ayant toutes leur histoire et leurs particularités physiques, culturelles et technologiques. Le casque parvient à rendre compte et à faire éprouver ces caractéristiques au moyen des images 3D qui donnent l'impression au spectateur d'être dans tous ces lieux sans avoir besoin de s'y rendre. Cette partie de l'expérience est immersive au sens des disciplines numériques pour lesquelles est immersif « tout dispositif ou système qui génère une image tridimensionnelle qui donne l'impression d'entourer l'usager[156] ». Le porteur du casque doit entres autres prévoir de procéder à des ajustements corporels autres que ceux auxquels il est habitué au théâtre et dans un musée en raison des légers

---

156. Josephine MACHON, *Idem*, p. 59.

troubles perceptifs générés par le 3D[157] qui risquent un tant soit peu, de le déséquilibrer, tellement l'impression de réalité est vive et le changement de lieu vécu comme abrupt. Dans le cas du port de casque de réalité virtuelle de *La bibliothèque, la nuit*, c'est principalement « la localisation du corps dans l'espace [qui] peut être entravée[158] ». La chose survient surtout au début de la mise en marche du casque et entre le moment du retour au menu de l'appareil et le passage à un nouveau lieu, puisque le porteur du casque a l'impression d'être à deux endroits en même temps ou oublie parfois momentanément qu'il est plus ou moins bien calé dans le fauteuil pivotant d'une salle de lecture[159]. Telle est l'une des conséquences d'user de « la sollicitation sensorielle de l'immersant » pour « place[r] son corps au cœur de la [média]turgie[160] ». C'est un élément fondamental, mais il y a plus. L'aspect ludique appartenant à l'expérience immersive provient également dans cette partie de la possibilité offerte au spectateur de composer temporellement son spectacle en choisissant l'ordre des séquences filmées qu'il visionnera et ressentira corporellement dans un même mouvement. Il faut toutefois mentionner que c'est à tâtons, de manière intuitive, que cette sélection se fait, puisque la plupart des emblèmes identifiant les lieux à visiter virtuellement demeurent difficiles à déchiffrer pour le commun des mortels. Des erreurs ne manquent pas non plus de survenir, puisque l'usager risque fort d'avoir oublié sur quel emblème il a cliqué une fois les premières bibliothèques explorées, ce qui, du coup, souligne le rôle du hasard dans le parcours virtuel emprunté et sa similarité avec la traversée d'une vaste forêt.

---

157. Ces troubles de la perception se retrouvent souvent dans les spectacles immersifs ou faisant appel à la réalité virtuelle selon Bouko. Pour elle, c'est que la navigation que l'on retrouve sous une forme ou une autre dans ces spectacles « donne ici toute sa place aux perceptions corporelles ». Catherine Bouko, « Le théâtre immersif est-il interactif ? L'engagement du spectateur entre immersion et interactivité », *Tangence*, no 108, p. 43.

158. *Idem*, p.45

159. La journaliste du *Devoir* qui a couvert l'événement en atteste dans son article : « Les pieds suspendus au-dessus du vide dans la bibliothèque de Copenhague, au Danemark, un vertige me prend. Je m'agrippe à l'accoudoir de mon fauteuil. En réalité, je suis assise dans une salle de la Grande bibliothèque de Montréal, et je participe à l'exposition *La bibliothèque la nuit*, une installation signée du dramaturge Robert Lepage et de l'écrivain Alberto Manguel. » Caroline Montpetit, « *La bibliothèque la nuit*. Dix biblio d'ailleurs vues d'ici », *Le Devoir*, 27 octobre 2015, p. A1.

160. Catherine Bouko, art. cité, p. 44.

De l'audioguide au casque de réalité virtuelle

Dans cette partie de *La bibliothèque, la nuit*, l'essentiel demeure bien entendu que le spectateur ait lui-même à manipuler l'objet au cœur de l'événement, à savoir le casque de réalité virtuelle, ainsi que l'engagement corporel qui en résulte et fait écho à la première partie de l'installation. La comparaison avec l'audioguide remis à l'entrée du musée s'impose et permet de signaler les similarités et les différences apportées par l'introduction du casque de réalité virtuelle[161]. À l'évidence, les propriétés des deux appareils diffèrent grandement. Dans sa plus simple expression, l'autoguide diffuse un enregistrement sonore destiné à accompagner le parcours muséal d'un individu. Cet enregistrement peut prendre la forme d'une narration, d'une partition sonore et musicale, parfois d'un mélange des deux et participe souvent à l'individualisation de ce parcours, en proposant, à l'aide de diverses fonctions et technologies de s'arrêter devant certaines œuvres. La musique, le commentaire peuvent ainsi changer selon la zone traversée s'il est doté de capteurs ou de récepteurs infrarouges, etc. L'audioguide favorise en outre la mobilité contrairement au casque de réalité virtuelle. On perçoit souvent l'audioguide comme une alternative individuelle à une visite guidée destinée à un groupe. À quoi Jean-Christophe Vialatte ajoute un autre élément : « L'un des avantages fréquemment avancé dans l'usage de l'audioguide est sa possibilité d'écouter le commentaire tout en regardant l'objet dont il est question.[162] » Le principal défaut de l'audioguide, celui de ne pas être mesure de répondre aux questions des visiteurs, vaut aussi pour le casque de réalité virtuelle qui unit quant à lui au sein d'un même appareil la diffusion de sons et d'images. Ce en quoi sa technologie se distingue, c'est d'abord que les images diffusées sont en 3D et qu'à ce titre, ces images intensifient le sentiment de présence de l'environnement et des êtres qui ont été captés, mais surtout ces projections se font en l'absence d'un écran apparent pour les

---

161. Faute d'espace, je n'analyserai pas le contenu de la narration. Cependant, dans la première partie, celle-ci se fait en voix hors champ ; le procédé entretient donc une forte parenté avec la technologie de l'audioguide, mais aussi des différences, comme celle de s'adresser à un groupe et de ne pas permettre de sélection des œuvres ou des objets.

162. Jean-Christophe VILATTE, « Audioguides et musées », Laboratoire Culture & Communication, Université d'Avignon, URL : https://www.google.ca/?gfe_rd=cr&ei=CzNJWYiDJ-ifXrfikagB&gws_rd=ssl#q=audioguide+capteurs Consulté le : 13 juin 2017.

accueillir, réduisant de manière radicale la distance entre le regardeur et l'objet de son regard. Le casque reproduit ainsi l'une des propriétés de l'audioguide, celle de réunir commentaire (ou musique) et présence de l'artefact, mais en remplaçant la présence réelle par un effet de présence reposant sur l'absence de l'artefact. Le casque de réalité virtuelle est donc particulièrement bien adapté pour diffuser des images vivaces de lieux éloignés, difficiles d'accès, qu'un musée ne pourrait pas accueillir ou peinerait à reproduire à l'échelle réelle en raison de leur taille. C'est justement l'usage principal qu'en fait Lepage en rapprochant le porteur du casque de dix bibliothèques situées à des milliers de kilomètres de distance, en évoquant des lieux disparus ou qui n'ont existé que dans l'imagination d'un auteur. Il faut reconnaître l'efficacité particulièrement redoutable du casque à rendre sensible ce qui est de l'ordre de la fiction et il en va de même quand il s'agit d'évoquer une construction aujourd'hui disparue. C'est sans doute pourquoi les images de la bibliothèque d'Alexandrie, de la collection de livres du capitaine Nemo installée dans le sous-marin qu'il commande et dépeinte par Jules Verne dans son roman *Vingt mille lieues sous les mers* ainsi que les images du violoncelliste jouant de son instrument dans les ruines de l'ancienne bibliothèque nationale et universitaire de Bosnie-Herzégovine, à Sarajevo, figurent parmi les images les plus émouvantes du « spectacle », ces dernières images l'étant doublement car elles renvoient à la barbarie qui a frappé cette ville-martyre, destruction dont il est révélateur qu'elle n'ait pas épargné ce lieu de partage du savoir et de la culture.

À l'heure actuelle, le casque de réalité virtuelle ne parvient guère à se faire complètement oublier en raison de plusieurs facteurs, dont le poids du casque, les ruptures dans la transmission des images et le fait qu'il s'agisse d'une technologie relativement récente. Bolter et Grusin en conviennent : « Virtual reality is immersive, which means that it is a medium whose purpose is to disapear. This disappearing act, however, is made difficult by the apparatus that virtual reality requires.[163] » Les mêmes auteurs ont montré que les technologies plus anciennes deviennent transparentes au bout d'un certain temps. Ils soulignent aussi que les ruptures trop fréquentes nuisent au sentiment d'immédiacie transparente recherchée. Il n'en demeure pas moins que la capacité du casque de diffuser des images 3D se passant

---

163. Jay David Bolter et Richard Grusin, *Remediation. Understanding New Media*, The MIT Press, Cambridge, 2000, pp. 21-22.

d'écran et ainsi de créer un saisissant effet de présence qui donne l'impression au corps d'être transporté ailleurs le distingue grandement de l'audioguide. De plus, le casque peut être doté d'autant de capteurs, de puces, de boutons qui permettent la sélection d'options variées au même titre que l'audioguide.

Confrontation de mondes, de cultures et d'époques

C'est pourquoi la juxtaposition que fait Lepage du guide, d'une narration semblable à celle d'un audioguide (diffusée à tout le groupe dans la première salle) et du casque de réalité virtuelle, version améliorée de l'audioguide, n'est pas innocente. Elle fait partie de la confrontation plus générale de plusieurs mondes, de plusieurs cultures et de plusieurs époques à laquelle procède Lepage, confrontation qui touche aussi bien les technologies employées dans les hypermédias que sont pour lui les bibliothèques que celles qui caractérisent la mise en scène et en images de l'événement auquel son équipe et lui prêtent leur concours. En véritable médiologue, Lepage ne détache pas la bibliothèque de la société, de la religion, de la culture, de l'architecture, des technologies, des écrits qui la composent et que celle-ci met à la disposition du public qui la fréquente. Il suit sur cette voie Manguel pour qui toute bibliothèque est un monde à part. Le visiteur d'*Une bibliothèque, la nuit* le constate sans peine en explorant des sites très différents : de la bibliothèque du temple Hasedera au Japon munie d'une grande roue de prière à « l'arche moderne suspendu entre ciel et terre[164] » que forme le bâtiment moderne et plein de vie de la Megabiblioteca de Mexico.

Il est significatif à cet égard que la remise du casque *Oculus Rift* s'effectue par l'entremise d'un guide, se fait au milieu du parcours et s'accompagne de directives clairement énoncées sur sa mise en marche et son fonctionnement juste avant que le « guide ne fa[sse] pivoter un mur couvert de livres, révélant un passage secret qu'il nous invite à emprunter pour entrer cette fois dans la forêt, la nuit.[165] » Non seulement la mise côte-à-côte souligne-t-elle les virtualités de l'objet en question mais aussi le gain et la perte que l'opération peut générer au plan sensible et humain. Loin de trancher la question, Lepage la pose

---

164. Éric MOREAULT, « Une nuit dans la forêt des mots », *Le Soleil*, 12 octobre 2016, consulté le 15 juin 2017.

165. Lucie BÉLANGER, « L'univers des grandes bibliothèques en réalité virtuelle », *ETC MÉDIA*, no 107, printemps 2016, p. 83.

clairement, en mettant bien en évidence, me semble-t-il, avantages et désavantages des technologies anciennes et nouvelles, d'abord et avant tout pour celui qui en fait l'usage. Ceci fait partie d'une « réflexion sur ces temples du savoir, qui ont traversé les âges, mais qui doivent de nouveau faire face au défi de la révolution technologique.[166] »

Comme on l'a vu, le casque est en effet susceptible d'offrir et de remplacer des services qui ne sont pas à portée de l'être humain. Sa présence soulève du même coup la question de la possible désuétude de la fonction du guide, associée ici au monde du livre-papier, mais aussi celle du coût de la main d'œuvre comparativement à celui engendré par l'acquisition de matériel de pointe. Cela est d'autant plus clair que le guide qui accompagne le groupe ne répond ici qu'à des questions relatives au fonctionnement du casque et nullement aux interrogations qu'un individu pourrait nourrir au sujet des bibliothèques visitées. Face à un guide avec qui l'échange interpersonnel est à ce point limité, le visiteur est amené à se demander s'il a encore besoin d'un autre être humain pour l'aider à circuler de pièce en pièce quand il existe une machine assez puissante pour le transporter, d'un mouvement de tête, d'une ville à l'autre ? Ceci est cependant contredit par la présence-absence d'un guide d'une érudition à nulle autre pareille, Alberto Manguel, qui enluminent ici les images magnifiques des bibliothèques filmées par Lepage ! Et n'oublions pas qu'auparavant, c'est la sensualité du contact personnel avec le livre que Lepage fait éprouver au destinataire de *La bibliothèque, la nuit*. En outre, Lepage n'a pas pu rejeter du revers de la main la question du coût de la technologie, puisque la faisabilité du projet dépendait de la capacité de son équipe à dénicher une compagnie susceptible de lui procurer un tel casque à bon prix, compagnie que son équipe, toujours à l'affût des plus récentes innovations technologiques, a trouvé aux États-Unis. Bref, la problématique de la disponibilité et de l'accès à la technologie, des mutations qu'elle engendre dans les institutions culturelles, s'est posée à toutes les étapes de ce travail de Lepage, du processus de création à la réception, l'interdépendance des choix esthétiques et technologiques se manifestant sans cesse dans toute forme de médiaturgie.

Que faut-il retenir de l'usage qui est fait de la technologie et du casque de réalité virtuelle dans ce projet de Lepage ? Le premier

---

166. Caroline MONTPETIT, « La bibliothèque la nuit. Dix biblio d'ailleurs vues d'ici », *Le Devoir*, 27 octobre 2015, p. A1.

aspect frappant, c'est l'inscription de cette technologie dans un cadre esthétique plus large, celui des procédés immersifs, auxquels il n'avait pas encore accordé beaucoup d'attention jusqu'ici. Ce faisant, Lepage ne se limite pas à l'exploration d'une seule technologie, si puissante soit-elle, mais il la met en rapport avec d'autres, comportant elles aussi des potentialités qu'il met en évidence, dans une médiaturgie centrée sur le récepteur. Deuxièmement, plus que tout autre, ce projet lui a permis de se tourner vers un autre acteur que les techniciens et les interprètes à qui il demande habituellement de manipuler les appareils technologiques dans ces productions : le récepteur, usager dont les pratiques changent à partir du moment où un nouvel appareil entre en jeu[167] et se conjugue à des technologies plus anciennes. Avec pour résultat un engagement cognitif, corporel et sensuel du récepteur qui est marquée dans les deux phases de *La bibliothèque, la nuit*, sans que cet abandon fasse pour autant l'impasse sur la dimension didactique, critique et poétique de ce voyage, reproche que l'on fait souvent aux expériences immersives. Le troisième élément qui m'apparaît fondamental et qui est en lien avec la visée didactique et critique de ce presque spectacle vient de ce qu'il met en évidence comme rarement la composante technologique au cœur de l'hypermédia « bibliothèque », envisageant son avenir parallèlement à son passé, à sa représentation dans la fiction et par le truchement de ses diverses déclinaisons culturelles. En somme, Lepage conçoit les appareils technologiques comme générateurs de pratiques culturelles et corporelles plus ou moins inédites, à découvrir, à apprivoiser, à entremêler, les hypermédias plus anciens comme les théâtres, les bibliothèques et les musées pouvant relever le défi de les intégrer, de manière à conserver leur pertinence dans un âge qui ne jure que par elles.

Hervé Guay enseigne au Département de lettres et communication sociale de l'Université du Québec à Trois-Rivières. Ses publications touchent à l'histoire culturelle québécoise, à l'apport des nouvelles tech-

---

167. Eliseo Veron (cité dans Larrue, « Théâtralité, médialité et sociomédialité. Fondements et enjeux de l'intermédialité théâtrale », *Theatre Research in Canada*, vol. 32, no 2, 2011, p. 180) souligne cet aspect pour qui un média « est un ensemble constitué par une technologie PLUS les pratiques sociales de production et d'appropriation. » Les majuscules sont de Veron.

nologies à l'esthétique théâtrale et à la question du spectateur dans les pratiques contemporaines. Président de la Société québécoise d'études théâtrales de 2011 à 2015, il est membre du Centre de recherche interuniversitaire sur la littérature et la culture québécoises, a fondé le Laboratoire de recherche sur les publics de la culture de l'UQTR et dirige la revue *Tangence*.

Le drone au théâtre :
Un dépaysement « accessoire » ?

Julia Gros de Gasquet

Dripping

« Avec un drone capable de voler à quelques centimètres d'une toile et des réservoirs de peinture embarqués tu pourras réaliser en deux temps trois mouvement un très beau Pollock. Cet ami me conseille d'acquérir à cet effet le DJI Phantom 4 et son système d'évitement automatique des obstacles. On peut bombarder tranquillement de son fauteuil une cible à 17 000 km avec une précision de plus ou moins un mètre, ce qui peut faire des victimes – si on envoie la bombe un jour de fête-anniversaire dans la maison ennemie. Donc, pourquoi pas réaliser des œuvres à distance, m'explique-t-il, directement au musée. Je vais réfléchir, je lui réponds. On diminue les frais de transport, les discussions inutiles, les problématiques d'accrochage de plusieurs mois. Et surtout les contacts humains. Perte de temps énorme. Et gain d'espace et de frais de nettoyage. Vous vous rendez compte, plus d'atelier du tout, terminés l'odeur persistante de térébenthine, les pots qui s'accumulent, les immenses verrières inchauffables ».

Olivier Cadiot, *Histoire de la littérature* récente, tome II, Paris, P.O.L., 2017, p. 131-132.

Grâce à l'humour d'Olivier Cadiot, le drone fait son entrée dans le champ artistique. Une entrée remarquable qui consiste à faire passer le drone de ses usages connus de surveillance, de captation des espaces, d'arme qui frappe de manière chirurgicale, à un usage artistique. Les images de villes syriennes en ruines que seul un drone peut arpenter, sont devenues notre lot quotidien. Les drones sont partout, dans les espaces de surveillances, de guerre, de survie, mais aussi au cinéma et parfois au théâtre, sur les plateaux, comme nous allons le voir, ou au cœur même des dramaturgies[168]. En fabriquant ici malicieusement un *Pollock* à grandes giclées de peinture émises par un drone longeant les parois de la toile blanche, Cadiot questionne l'usage du drone comme objet technique « artistique ». Sans doute l'objet suscite-t-il une fascination coupable. La définition qu'en a donné Agnès de Cayeux combine son inquiétante étrangeté et sa capacité à faire « changer de niveau » ceux qui le manipulent comme ceux qui le contemplent :

> « La machine-drone comme machine de désir, machine de mort ou machine de l'oubli. La machine-drone est un jouet, un prétexte et une arme. La machine se noie et s'élève en nos interstices, elle s'envole, calcule et tempère. Nièce de Turing et de Wiener, enfant digitale de Médée. Substitut électronique de nos désirs[169]. »

La « machine-drone » permet des points de vue inédits, un jeu nouveau avec le corps : le drone est une machine commandée à distance que ne voit pas toujours celui qui le manipule, c'est un objet technique qui n'est plus forcément en lien physique avec celui qui le commande — le chef opérateur, le caméraman est rivé à sa caméra alors qu'un opérateur de drone peut se trouver à des milliers de kilomètres de sa machine qu'il peut piloter à distance *via* des capteurs et des dispositifs informatiques —. Que se passe-t-il lorsqu'un drone est utilisé dans une salle de spectacle ? La question suppose d'abord de penser le changement de paradigme : quand un drone vole au-dessus d'un public — si encore l'autorisation de vol est accordée — de quoi cette incongruité est-elle le nom ? Le drone, comme objet technique, est-il un accessoire comme un autre, dans

---

168. Voir par exemple : Dominique PAQUET, *Effrontée*, éditée dans *Robots, clones et cie...*, Éditions Color Gang, Saint Génis-des-Fontaines, 2017. L'ouvrage regroupe quarante et un textes dont un certain nombre avec des drones.

169. Agnès de CAYEUX et Marie LECHNER, *La Conjuration des drones*, dans *MCD (le magazine des cultures digitales)*, n°78, été 2015, p.20.

les possibilités qu'il offre à l'acteur ? Deux exemples d'utilisation du drone au théâtre, à la Comédie-Française[170] et au Centre Pompidou[171], permettront d'apporter ici des éléments de réponse. Le drone lorsqu'il filme l'espace théâtral propose une nouvelle cartographie, une cartographie « vue d'en haut », mais saisie sous des angles encore inexplorés, proposant une vision impensable avant son apparition. Les éléments ici rassemblés tentent de saisir les enjeux de cette cartographie nouvelle, pour l'arpenter avec fascination, sans renoncer pourtant à une certaine inquiétude.

Le drone au théâtre, un dépaysement assumé

J'emploie ici le mot d'inquiétude car en regardant voler ce drone dans l'espace de la salle Richelieu, oiseau d'une nouvelle espèce, on ne peut s'empêcher de penser que le drone est d'abord et avant tout une arme.

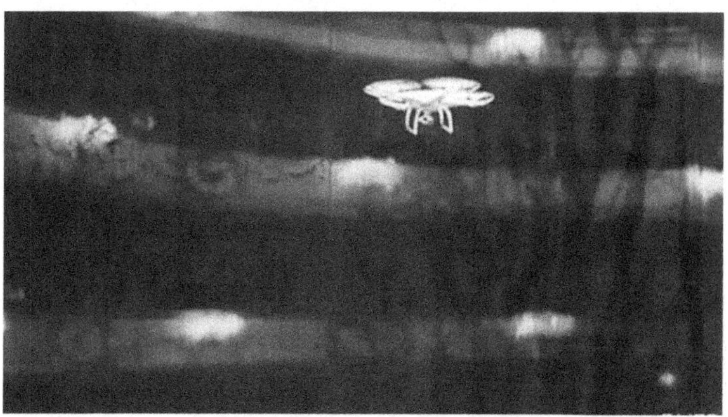

Le drone de *La Règle du jeu*, adaptation du film de Jean Renoir par Christiane Jatahy à la salle Richelieu, Comédie-Française, printemps 2017. Capture d'écran de l'émission *Entrée libre*, 2017.

Une arme dont s'est dotée l'US Air force lorsque, sur les décombres de la guerre du Vietnam, elle a décidé d'engager le moins possible les vies humaines de ses soldats : c'est ce qu'elle appelait alors

---

170. Dans l'adaptation théâtrale de *La Règle du jeu* de Jean RENOIR par Christiane JATAHY en 2017, salle Richelieu.
171. Solo Show : Agnès de CAYEUX, *Piper Malibu*, Cinéma et Vidéo, 2015, Centre Pompidou, Festival Hors Pistes, Paris.

la guerre à distance. Cette stratégie guerrière de surveillance et de frappes dites « chirurgicales » dans l'idéologie de la guerre nouvelle, a été relancée au lendemain des attentats du 11 septembre 2001. Les Etats-Unis sont alors entrés dans une logique de la guerre comme *chasse à l'homme internationale*. Grégoire Chamayou en ouverture de sa *Théorie du drone* transcrit les échanges entre un opérateur de l'armée américaine et son collègue, pilote d'un drone, engagés dans la surveillance d'un espace au-dessus de l'Afghanistan :

> « Cette nuit-là, peu avant que l'aube ne se lève sur les montagnes afghanes, ils avaient observé au sol un comportement inhabituel. [.. .] Le pilote et l'opérateur scrutent la scène sur un moniteur. Ils portent un uniforme en toile kaki, avec un écusson sur l'épaule. [...] La filature a lieu à des milliers de kilomètres de là. Les images de véhicules, captées en Afghanistan, sont retransmises par satellite, ici, sur la base de Creech, non loin d'Indian Springs, dans le Névada.
> 3h17
> Le pilote : [...] j'espère qu'on va pouvoir shooter ce camion avec tous les mecs dedans. [...]
> [Le drone Predator n'ayant plus qu'un seul missile à bord — insuffisant pour cibler trois véhicules — ordre est donné à deux hélicoptères, nom de code « BamBam41 », de se mettre en position pour l'attaque. Un plan est arrêté : les hélicoptères tireront les premiers, puis le drone finira le travail en tirant son missile Hellfire sur les survivants.]
> 4h40
> L'opérateur : c'est quoi ceux-là ? Ils étaient dans le véhicule du milieu.
> Le coordonnateur : Des femmes et des enfants
> L'opérateur : ça ressemble à un enfant
> L'observateur : Ouais. Celui qui agite le drapeau.
> 4h42
> L'observateur : Je vais lui dire qu'ils sont en train d'agiter leur….
> L'opérateur : ouais, là maintenant, je ne serais….je ne serais pas, personnellement, à l'aise pour tirer sur ces gens.
> Le coordonnateur : Non[172]. »

---

172. Grégoire CHAMAYOU, *Théorie du drone*, La Fabrique édition, Paris, 2013, p. 9-20.

Ces échanges font entendre le trouble qui gagne les deux soldats américains lorsqu'ils comprennent que le convoi qu'ils prenaient pour celui de terroristes recherchés, est en fait un convoi rempli de femmes et d'enfants. Une bavure évitée de justesse. Ce cadre posé, on ne pourra que s'étonner de la présence des drones au théâtre, de ce volontaire changement d'usage que leur font vivre les artistes qui décident de les faire voler dans des salles de spectacle. Le drone, équipé de caméra(s) quand il survole un espace de représentation, quand il joue, abandonne l'espace de la guerre à distance, de la surveillance et entre dans la dimension ludique et esthétique qu'il revêt déjà comme simple jouet offert au pied du sapin de Noël. Ce dépaysement est d'abord un changement de paradigme : le drone joue, il ne fait pas la guerre. Le drone ne perd pas pour autant son caractère d'arme inquiétante et sa réelle dangerosité : le drone est un véritable hachoir volant, dangereux par le nombre de ses pales, par sa vitesse ; un objet volant fragile qu'un coup de vent peut écraser au sol ; un objet qu'il faut manipuler avec savoir-faire et précaution : l'autorisation de pilotage des drones dans les espaces publics est soumise à des règles rigoureuses. Dans ce changement de paradigme, le drone n'abandonne donc pas totalement cette inquiétante étrangeté qui le rend si complexe à appréhender. On pourra m'opposer ici que le drone comme arme de guerre s'inverse en outil de secours lorsqu'il permet de survoler des territoires inaccessibles, d'y déposer des poches de sang pour sauver des vies, lorsqu'il permet des reconnaissances de blessés dans le cadre de situation d'extrême urgence :

> « En avril 2016, lors du tremblement de terre au Népal, l'ONG suisse Medair, basée à Lausanne et spécialisée dans l'aide d'urgence a eu recours à des drones pour mesurer l'étendue des dégâts, savoir quelles étaient les zones nécessitant l'intervention la plus urgente et planifier les distributions pour les endroits dont l'accès avait été bloqué[173]. »

Pourtant, dans ce renversement, le drone devenu « arme » des humanitaires, ne quitte pas pour autant le champ de la guerre. Il s'agit d'un retournement de valeur mais en aucun cas, d'une trans-

---

173. Voir par exemple l'article de Camille Andrès « Le drone nouvelle arme des hu manitaires », 21 décembre 2015, en ligne sur http://www.bilan.ch/techno-plus-de-re-daction/drone-nouvelle-arme-humanitaires ; consulté le 21 décembre 2017.

formation du champ dans lequel le drone est pensé : celui du conflit, de la détresse extrême, de la catastrophe et de la mort. Dans un tel contexte, comment peut-on penser les usages du drone au théâtre ?

Le drone au théâtre, un accessoire comme un autre ?

L'accessoire en tant qu'objet de jeu est indissociable de la dramaturgie classique qui s'est constituée en partie grâce à lui. Sa nécessité et sa prolifération ont rendu nécessaires dans beaucoup de théâtres, des magasins d'accessoires. Cavernes d'Ali Baba qui contiennent la poussiéreuse mémoire des pièces qui se sont jouées dans le théâtre, des acteurs qui les ont tenus en main et les ont fait jouer. Si la notion d'accessoire sent son vieux théâtre, c'est bien parce que le mot colle à ce temps du passé où les pièces s'écrivaient à grand renfort d'armes, de bagues, de coupes, etc. Dans la recension de tous les accessoires présents dans le *Mémoire de Mahelot*[174], catalogue qui documente les décors et les accessoires nécessaires aux pièces — et à leurs reprises — qui se sont jouées à l'Hôtel de Bourgogne entre 1630 et 1680, les objets permettent de saisir d'une part les actions des personnages, d'autre part leurs positions sociales et leur *ethos* : les objets sont des prolongements d'eux-mêmes et non pas seulement le support de leurs actions. Que le *Mémoire de Mahelot* ne soit pas entièrement fiable en ce qu'il « oublie » certains objets importants, n'empêche pas de saisir que l'accessoire est le plus souvent indiqué au cœur de la dramaturgie. Il en est l'adjuvant[175]. Que l'on pense par exemple à la *Rodogune* de Corneille : la coupe est l'objet qui concentre l'attention et les regards à l'acte V[176], coupe empoisonnée que Cléopâtre veut faire boire à Rodogune et qu'elle finira par boire elle-même. Coupe qui condense en un seul et même objet, le souffle retenu des spectateurs, la rouerie de la Reine, le sens de l'honneur dans le suicide, la fin somme toute heureuse d'une tragédie. L'accessoire est dès lors tout sauf accessoire, dans la mesure où il est conçu comme un élément du tissu dramaturgique, un objet qui conditionne l'action.

---

174. *Le Mémoire de Mahelot*, édition Pierre Pasquier, Champion, Paris, 2005.

175. Pour un relevé précis des accessoires présents dans *Le Mémoire de Mahelot* : http://agon.ens-lyon.fr/docannexe/file/2058/tableau_de_synthese_memoire_de_mahelot_marc_bayard.pdf ; consulté le 12 mars 2018. Voir aussi Marc Vuillermoz, *Le système des objets dans le théâtre français, Corneille, Rotrou, Scudéry*, Droz, Genève, 2000.

176. Acte V, scène 3, vers 1585 et suivants.

Moins nécessaires semblent être les objets qui ont accompagné le catalogage des rôles à la Comédie-Française. Par commodité dans le contexte d'un théâtre d'alternance, les rôles ont en effet été, dès le XVIIIe siècle, répertoriés par emplois. Ce système des emplois donne lieu à l'établissement de très nombreux catalogues qui font état de divers classements, soit par l'importance des rôles (Premier rôle, Second rôle, Jeune Premier…), soit par le rang social ou la qualité des personnages (Rois, Reines, Princesse, Soubrette…), soit par le caractère des personnages (amoureux, ingénue, grande coquette, raisonneur…), soit par le costume (rôles à baguette pour les reines de tragédie, rôles à manteau pour les pères nobles ou les financiers, rôles à corsets…). Dans ces derniers catalogues, l'accessoire est souvent confondu avec le costume : baguette, corset ou manteau. L'accessoire, s'il n'est pas nécessaire ici dramaturgiquement, le devient dans le contexte précis de la Comédie-Française aux XVIIIe et XIXe siècles, par la commodité qu'il permet dans le classement des rôles et des emplois, leur attribution et le repérage des acteurs qui jouent en alternance et passent d'un rôle à un autre.

À l'aune de ces usages anciens, le drone, objet technique, peut-il être considéré comme un accessoire ? Le drone est certes manipulé à vue par l'acteur lui-même qui joue avec lui ou par un opérateur extérieur. Mais cette manipulation, par les potentialités techniques qu'elle permet, ne fait pas du drone un accessoire comme un autre. D'abord parce qu'il est différent d'une caméra, objet qu'on a beaucoup vu dans les mains d'un acteur ou d'un opérateur sur les plateaux de ces quarante dernières années. La caméra prolonge le regard de celui qui la manœuvre, elle produit pour les spectateurs une image qui est dans un continuum avec l'œil humain, même s'il est possible de zoomer ou de la traiter avec des effets. Ensuite parce que le drone n'est pas seulement un adjuvant à la dramaturgie mais un acteur à part entière qui bouge librement semble-t-il, même s'il est commandé. Il filme dans les trois dimensions de l'espace sans axe prévalent, il donne son point de vue sur la scène et les présences en acte. Le drone au théâtre se comporte davantage comme un performeur artistique qui joue sa partie.

Le drone, performeur artistique

Le drone a un usage technique de captation de la réalité qui apporte de nouvelles potentialités aux équipes de tournage. Le drone dans *La Règle du jeu* a permis des prises de vue en extérieur, le long des parois de l'édifice qui donne sur les jardins du Palais-Royal. Dans l'élaboration du film projeté au cours du spectacle, l'œil-caméra vient « surprendre » les acteurs et se mettre à leur hauteur dans des scènes qui sont saisies en cours. Le drone permet aussi de faire l'image finale du spectacle, dans une élévation à la verticale, vertigineuse et rapide, depuis le sol de la place Colette, où gît le corps de Jurieu, devant la Comédie-Française, une ascension saisie dans le mouvement d'élévation du drone, qui produit immédiatement un basculement de la perception de l'espace par le spectateur. Le manoir-théâtre-studio de tournage qu'est devenue la Comédie-Française est saisi comme dans une vue *google map* qui fait perdre aux spectateurs leurs repères habituels, entre le Louvre et le Palais Royal, et adopter de nouveaux repères, dans cette vue d'en haut, qui relativise l'édifice dans le tissu urbain, dans la géographie parisienne.

Esthétiquement, on peut faire l'hypothèse que le drone joue avec l'acteur à la fois comme une marionnette et comme un partenaire créant des possibilités inédites d'interaction entre l'acteur, qui est parfois aussi le pilote, la machine et le public.

Dans *La Règle du jeu*, l'acteur Jérémy Lopez manipule le drone. Cela n'est pas fortuit car il joue en effet dans l'adaptation du film au théâtre, le rôle du marquis Robert de la Chesnaye. Le phénomène de transposition structure très fortement le spectacle :

> « L'action de la pièce-film ne se déroule pas dans la propriété de campagne du Marquis Robert de la Chesnaye (comme dans le film de Renoir), mais dans la Comédie-Française, au cœur de la ville. Elle est à la fois le corps physique de la trame — avec ses façades, ses foyers, ses couloirs, ses loges et ses escaliers qui servent de décor aux différentes scènes du film — et un élément entièrement intégré à la fiction que nous racontons. **Ici, plutôt qu'un collectionneur d'automates et d'instruments mécaniques, comme chez Renoir, Robert de la Chesnaye est un passionné de technologies cinématographiques.** Cet édifice imposant, pourvu d'une salle à l'italienne, c'est la maison où Robert reçoit ses invités. Le réel et la fiction sont en constante interpénétration[177]. »

---

177. Christiane JATAHY, Note d'intention, entretien avec Marcus BORJA dans la bible du spectacle, traduction de Marcus BORJA. Nous soulignons.

Le drone est alors son objet fétiche, véritable marionnette avec laquelle il joue, qu'il fait voler sous les yeux du public avec la même satisfaction que La Chesanye quand il fait la démonstration de son orgue mécanique[178].

Le Marquis Robert de la Chesnaye (J.Lopez), dans *La Règle du jeu*, adaptation du film de J. Renoir, mise en scène C. Jatahy (Comédie-Française, Paris, 2017). Capture d'écran de l'émission *Entrée libre*, 2017.

Le Marquis Robert de la Chesnaye (J.Lopez), dans *La Règle du jeu*, adaptation du film de J. Renoir, mise en scène C. Jatahy (Comédie-Française, Paris, 2017). Capture d'écran de l'émission *Entrée libre*, 2017.

---

178. Voir la séquence de la danse macabre et du piano mécanique ainsi que celle de l'orgue mécanique dans *La Règle du jeu* de Renoir.

Qu'est-ce que le drone métamorphose dans le travail de l'acteur ? Que se passe-t-il pour l'acteur dans ce rapport à l'objet technique, du point de vue des émotions et des adresses en jeu ? Le principe adopté par Christiane Jatahy est de faire alterner des moments d'« introspection publique » avec des moments de « partage » avec le public. Dans le rapport de soi à soi-même que permet l'usage du drone ici, on remarque le dispositif de pilotage en main et l'acteur, bouche ouverte, abandonné à sa passion de l'objet volant, qui joue à piloter l'objet sous nos yeux. Pour ce qui est du pilotage, c'est une tâche à part entière que le comédien a dû apprendre en suivant une formation rapide. Il doit en effet, en devenant « pilote » du drone, veiller aux règles de sécurité et demander à la régie que soit descendu un filet de sécurité rendu obligatoire. Cette consigne de sécurité est allée contre la volonté de Christiane Jatahy qui aurait souhaité que le drone puisse voler partout dans la cavité de l'espace Richelieu[179]. Le drone devient une machine à jouer avec soi-même, avec sa propre image. Le drone opère ici un autoportrait porté par un effet de loupe, d'agrandissement du personnage, que permet la projection sur l'écran de fond de scène. *Selfie* en mouvement qui amuse l'acteur faisant référence à la passion des objets cinématographiques que développe Robert de la Chesnaye dans cette

Le Marquis Robert de la Chesnaye (J.Lopez), dans *La Règle du jeu*, adaptation du film de J. Renoir, mise en scène C. Jatahy (Comédie-Française, Paris, 2017). Capture d'écran de l'émission *Entrée libre*, 2017.

---

179. Propos recueillis lors d'un entretien avec Marcus Borja, assistant à la mise en scène de Christiane Jatahy.

adaptation. Mais ce jeu avec l'objet et avec soi-même sert aussi et surtout à inclure le public dans la fiction. Après avoir chanté une chanson de Dalida, le public de la salle Richelieu devient, par l'entremise du drone-caméra, l'invité de la fête que donne Robert. Sans doute faut-il y voir la volonté de provoquer le public de la Comédie-Française, peu familier de ce genre de ruptures des codes et des conventions de la représentation théâtrale. Pourtant ce que ce geste pourrait avoir de radical est gommé par la volonté contradictoire de « séduire » le public en l'intégrant à la fiction, en allant le chercher dans des numéros successifs qui relèvent du music-hall, sans avoir la puissance d'un théâtre de la pensée et de la sensation.

Que retenir de cet usage du drone, tant sur les plans technique et esthétique ? Sans doute celui d'un gadget, onéreux, complexe, fascinant et ludique, mais sans profondeur véritable alors même que la fonction de cet objet technique est d'inventer des espaces et des champs visuels, de créer du relief. En contrepoint de ce spectacle, les images produites par Agnès de Cayeux pour une performance filmique présentée lors du festival *Hors pistes* au Centre Pompidou en janvier 2015 et qui ont donné lieu à plusieurs séances de prises de vue, montrent un usage bien différent du drone. La danseuse Maël-la-Mickaëlle Maréchal danse avec son drone :

Janice (M.-M. Maréchal) dans *Une Jeune Femme vue du ciel*, projet film-performance d'A. de Cayeux (2016) Crédit Photo : Suzanne Chauvin

Le drone n'est pas manipulé par la danseuse en patin à roulettes.
Un opérateur Etienne Dusard le fait voler. Le drone joue avec elle,
elle joue avec lui : jeu de regard et d'approche. La danseuse aban-
donnée sous le regard de l'objectif du drone lui sourit comme à une
présence paisible qui la scrute, en mouvement permanent.

Janice (M.-M. Maréchal) dans *Une Jeune Femme vue du ciel*, projet film-performance
d'A. de Cayeux (2016) Crédit Photo : Suzanne Chauvin

Quand il prend de la hauteur, le point de vue produit un effet
de déréalisation : la figure humaine perd ses contours, se noie dans
l'espace qui l'entoure au profit d'une image poétique qui se construit
par l'élévation du drone, et se recompose en une forme ronde et
blanche, posée sur la surface du sol, entre le minéral et l'organique.

La danseuse Maëlla-Mickaëlle Maréchal s'explique sur cette relation au drone :

> « Le drone a quelque chose d'humain ou d'animal, plus
> que n'importe quelle machine : son œil. L'œil-caméra. Alors
> il est possible pour moi de créer une relation avec le drone,
> de jouer avec lui. Il n'y a pas de rapport de force entre lui et

moi, plutôt une tension permanente. Le fait de risquer de se faire blesser par cette sorte d'animal apporte à ma gestuelle quelque chose que je ne peux trouver dans aucune autre situation. Peut-être qu'un dompteur est dans ce même état du corps : tous mes muscles sont sous tension, mon regard obnubilé par le sien. Les quelques fois où je m'en détourne, je peux le situer en permanence par le son qu'il produit, évidemment. C'est assez hypnotisant, ce ronronnement permanent. Pendant les séquences de tournage, je n'entends plus rien d'autre, plus que sa « voix ». Peut-être parce que je ne suis plus en rapport direct avec l'espace réel, mais avec un nouvel espace. C'est justement cet espace qui me semble être la seule contrainte qui naît durant ce dialogue : notre espace à respecter comme une sphère d'intimité que je ne peux pas dépasser sous peine de perdre une mèche de cheveux, ou plus embêtant un doigt, ou un œil[180]. »

Janice (M.-M. Maréchal) dans *Une Jeune Femme vue du ciel*, projet film-performance d'A. de Cayeux (2016) Crédit Photo : Suzanne Chauvin

---

180. Propos recueillis par Julie VALERO dans « Œil-Machine », Entretien avec Maël-la-Mickaëlle Maréchal dans *mcd, op.cit.,* p. 52-53.

Dans les propos de Maëlla-Mickaëlle Maréchal, on entend combien le drone est un objet technique qui suscite à la fois fascination et inquiétude. Le drone est dangereux et ses pales produisent un grondement incessant et étourdissant, mais la danseuse joue avec lui comme avec un partenaire, elle s'abandonne à lui dans une relation sensuelle et érotique. Elle lui sourit, ses mouvements fluides sont dictés par les mouvements du drone, dans une relation ambivalente.

Ce dialogue avec le drone qui ne passe pas par le langage mais par l'interaction homme-machine construisant un espace commun, aux contours redéfinis, est le point commun des réflexions d'artistes et de chercheurs en cinéma qui s'intéressent au drone aujourd'hui. Cette cartographie ne s'inspire pas pour eux de *google map*, mais définit les contours d'un territoire de jeu qui tient compte de toutes les dimensions possibles de l'espace et propose des points de vue inédits : là est ce qui suscite la curiosité pour le drone. Ainsi Smith, artiste plasticienne et vidéaste, évoque-t-elle la singularité des mouvements du drone :

> « La fluidité, la mouvance perpétuelle du point de vue, et la sensation d'une omniprésence et d'une omnipotence propres au regard-drone semblent nous rendre accessible et commun un point de vue impossible, impensable, imaginaire, qui élabore une nouvelle grammaire cinématographique[181]. »

C'est aussi ce rapport à l'espace que Guillaume Bourgois, chercheur en cinéma, reconnaît comme essentiel dans l'usage d'un drone :

> « Le drone [est un] outil permettant de travailler le drapé de l'espace et du temps. La distance en perpétuelle variation entre un drone équipé d'une caméra et une figure humaine peut et doit servir à produire pour parler comme Levinas, une apparition épiphanique à l'image du Visage d'un être humain. Une nouvelle possibilité d'exploration de l'espace aérien en lien avec le corps est en train de s'ouvrir au 7ème Art, entre celle permise par les grues et celle permise par les hélicoptères ou les avions. Le moment est venu de s'en emparer[182]. »

---

181. Propos recueillis par Agnès de Cayeux, *mcd*, *op.cit.*, p. 51.
182. Dans « A ghost in the machine », *mcd*, *op.cit.*, p.47.

La fluidité des mouvements d'un drone, le fait qu'il soit toujours mobile, sans plan fixe, sculpte l'espace entre la figure observée et lui. Cette qualité de relation faite de prise et de déprise, dans un flux incessant, ronronnant, s'associe à la contingence matérielle de l'objet que souligne Agnès de Cayeux :

> « La navigation [d'un drone] est soumise aux courants d'air chaud, même à l'intérieur. Piloté à distance, il est impossible de prévoir tous ses mouvements. C'est un œil caméra que tu ne peux pas vraiment diriger, qui en quelque sorte décide du plan, de la façon dont il va filmer/regarder. Ce n'est pas l'Homme à la caméra (cf. le film éponyme de Dziga Vertov, ndlr.), c'est l'oiseau à la caméra[183]. »

Pour finir, les points de vue permis par le drone sont d'autant plus justes esthétiquement qu'ils ne reproduisent pas des cartographies bien connues. Quand ils explorent des espaces et territoires rendus inédits par les possibilités de points de vue qui sont les leurs, c'est là qu'une relation nouvelle à l'espace se met à exister. Le drone devient artistiquement intéressant quand il n'est plus pensé comme un accessoire même nécessaire à la dramaturgie, quand il n'est pas une prothèse mais quand il développe son propre discours et invente sa propre chimère, tel « l'oiseau-caméra » de Laurent Grasso dans son film *On air*[184].

---

183. http://media.digitalarti.com/fr/blog/digitalarti_mag/interview_agnes_de_cayeux_la_belle_et_le_drone ; consulté le 12 octobre 2017
Video : https://vimeo.com/131454506 ; consultée le 12 octobre 2017
184. *On Air* de Laurent Grasso : https://www.perrotin.com/fr/artists/Laurent_Grasso/190/on-air/29304 consulté le 10 mars 2018.

Paroles de metteur.es en scène

Dramaturgies, pratiques et performances

887 : UN SPECTACLE-MANIFESTE ?
ENTRETIEN AVEC ROBERT LEPAGE

Propos recueillis par Pauline Bouchet et Julie Valero

Depuis les années quatre-vingt, Robert Lepage nous a habitués à une alternance de spectacles à grande échelle et de spectacles solo, plus intimes, où il se met lui-même en scène. 887 est de ceux-là, intimiste et en partie autobiographique, puisque le metteur en scène québécois y retrace son enfance au 887 de l'avenue Murray à Québec, où il a vécu de 1960 à 1970. Cette plongée dans l'enfance s'accompagne du récit d'une histoire collective, celle d'un Québec qui s'affirme à travers le rejet des valeurs traditionnelles et la modernisation de la société.

La dramaturgie du souvenir repose sur un dispositif scénique qui vise à interroger nos capacités mnémoniques : se présentant seul sur un plateau noir, l'acteur Robert Lepage s'adresse très simplement au spectateur, lui demandant de vérifier qu'il a bien éteint totalement son téléphone. De la manipulation de cet accessoire naît progressivement un récit, celui d'un homme qui fait de plus en plus confiance à ce « petit gadget » pour mémoriser tout un tas de données à sa place ; puis celui d'un acteur qui ne parvient pas à apprendre par cœur un poème, le fameux Speak White *de Michèle Lalonde. À travers tout un jeu de projections, le dispositif scénographique va comme surgir du dialogue avec ce petit objet, quand bien même les mécanismes réels qui y conduisent sont feints. Si l'esthétique scénique de cet opus ne surprend pas l'habitué des spectacles de Lepage — on y retrouve un dispositif tournant, type carrousel, qu'il affectionne particulièrement, ainsi que d'autres éléments récurrents de son travail de plateau, comme les ombres chinoises — elle s'incarne pourtant, du propre aveu de l'auteur, comme l'aboutissement de recherches de longue haleine tout à la fois sur l'objet et le rapport aux possibilités ouvertes par les technologies numériques.*

Comme il l'explique dans cet entretien, la forme même du spectacle découle d'une conférence improvisée durant laquelle il a pu éprouver à quel point l'abandon des conventions théâtrales était libératoire. C'est cette spontanéité de la relation frontale qu'il souhaitait retrouver avec 887. Et de fait la puissance du spectacle repose sur la qualité même de la relation acteur-spectateur qui se construit au fur et à mesure, très simplement. Partant d'un objet qui nous est familier et de constats que l'on fait tous, il nous emmène peu à peu sur les sentiers de sa mémoire intime. La narration se met ainsi en branle et le théâtre survient petit à petit, comme surgi d'une boîte à musique, que l'on ne voudrait pas refermer...

Julie Valero – Outre que nous avions envie de profiter de votre tournée en France pour vous entendre sur la question de l'objet technique – dont votre travail est emblématique, j'y reviendrai – le spectacle *887* justifiait d'autant plus cet intérêt qu'il se constitue en grande partie à partir de votre propre smartphone. La scène durant laquelle vous téléphonez devant votre bibliothèque a achevé de nous convaincre de la nécessité de vous rencontrer autour de cette question.

Robert Lepage – Il faut savoir que *887* est un peu comme l'aboutissement d'une recherche, de tentatives qui avaient été faites dans d'autres spectacles qui, là, tout à coup, s'incarnent de façon plus précise.

JV – Il nous semblait en effet que le spectacle reprenait de nombreux éléments déjà en germe dans votre travail précédemment, tout en les reliant d'une façon inédite jusqu'alors. Ma première question portera donc sur l'utilisation du téléphone, objet qui a une particularité dans l'histoire du théâtre dès la fin du XIXe siècle. J'aimerais tout simplement que vous nous expliquiez comment le téléphone est arrivé dans le processus de création, ce qu'il y déclenche puisqu'il est impliqué à la fois dans la dramaturgie du spectacle et dans le dispositif scénographique.

RL – Je trouve qu'il est difficile de faire un théâtre contemporain où seuls les personnages présents sur scène dialogueraient, du fait de l'importance qu'ont prises les conversations téléphoniques dans nos vies, même avant les téléphones portables. Il faut trouver un moyen de rendre compte de cette présence-absence de l'interlocuteur téléphonique ; ça s'est imposé de soi-même dans mon travail, je pense. Mais ça a pris un certain temps avant de mettre en scène ce que l'interlocuteur disait… et c'est ce que je trouve intéressant. En fait, le téléphone permet d'amplifier. On se permet de plus en plus avec la présence des caméras vidéos, des gros plans, des inserts, des choses qu'on ne se permettait pas avant, mais on ne le fait pas sur le plan sonore. Les acteurs parlent avec un tonus de théâtre et tout à coup ils ont une conversation téléphonique, encore avec la même dynamique. Alors qu'il doit se passer quelque chose dans le ton ; quand on parle dans un téléphone il y a des nuances, des subtilités, des choses qu'on ne se permet pas, qu'on ne s'offre pas normalement au théâtre et que là, on peut s'offrir, surtout dans le cadre d'un spectacle solo comme *887*. Ce que je trouvais intéressant c'était de ne pas entendre l'interlocuteur mais d'entendre l'intimité. Il s'agit là d'un travail presque cinématographique, comme un gros plan de ce qui est dit, et ça justifie l'amplification.

Au départ c'est donc comme cela qu'on intégrait le téléphone et ensuite le téléphone s'est mis à devenir autre chose qu'un élément auditif, il est devenu un objet visuel, une caméra, et dans *887*, il devient une illustration de la mémoire, puisque c'est ce qui a remplacé notre stockage cérébral ; stockage qu'on a maintenant dans la main. Donc ce n'est plus vraiment un objet de communication. D'ailleurs dans le spectacle je l'utilise, je pense, à deux reprises comme objet de communication ; le reste du temps c'est comme caméra ou tout simplement comme un prétexte, lorsque j'accuse ces petits gadgets de nous avoir rendus paresseux sur le plan de la mémoire. L'objet téléphone participe ici au thème. De plus, avant, quand on utilisait un gadget comme celui-là sur scène, les gens étaient toujours obnubilés par l'aspect technologique, mais aujourd'hui le téléphone intelligent n'est plus une nouvelle technologie ; tout le monde en a un dans sa poche, c'est un élément rassembleur. Les gens s'identifient à cet objet-là ; ils ont tous des couleurs différentes de portable, des couvercles différents. C'est devenu l'expression d'une personnalité. Le téléphone apporte donc cela avec lui, il n'est plus simplement un truc utilitaire. Alors ceci dit, dans le spectacle je fais semblant de tout déclencher avec le portable mais ce n'est pas toujours le cas ; parfois oui mais souvent non ! À quelques reprises il sert vraiment comme caméra, mais ce n'est évidemment pas toujours lui qui filme. Mais, bon, le public accepte la convention…

JV – On sait que votre parcours est marqué par le rapport aux objets, notamment à travers votre expérience du côté du théâtre de marionnettes du grand théâtre de Québec ou du théâtre d'objets avec le Théâtre Repère, c'est devenu une marque de fabrique de votre façon de faire…

RL – Oui, un peu accidentelle, mais oui.

JV – Je me demandais justement si ces objets-là, les objets techniques – comme le téléphone – sont finalement identiques à d'autres objets avec lesquels on travaille au théâtre, comme une boîte à chaussures, par exemple, pour reprendre un objet emblématique de votre spectacle *La Trilogie des dragons*.

RL – Oui, je crois ; ce sont évidemment des objets plus complexes, avec plus de possibilités, mais oui je crois que c'est la même chose. Travailler avec une boîte de souliers, pour moi, c'est la même idée. C'est un objet comme les autres.

JV – Ce qui est intéressant tout de même dans ces objets c'est qu'ils ont perdu ce qu'on appelle leur « expressivité fonctionnelle », c'est-à-dire qu'ils n'ont pas la forme de leur fonction : cela ne constitue-t-il pas une difficulté dans la façon de s'en servir sur le plateau ?

RL – Peut-être, mais le problème avec l'idée de se servir d'un objet en scène, c'est toujours sa lisibilité. Le téléphone est un objet qui devient de plus en plus petit, de plus en plus compact, et donc de moins en moins lisible. Cet objet est moins présent comme tel sur scène. Et encore j'ai le plus gros qui existe pour que les gens le voient. Au départ, mon téléphone était plus petit. En effet, un objet est porteur d'un message ou d'une idée, à condition qu'on puisse être capable de le lire visuellement, or les technologies deviennent de plus en plus petites et de plus en plus invisibles, même parfois il y a des choses carrément invisibles – tout le travail à l'infra-rouge, par exemple – et à ce moment-là, les objets ne sont plus des objets porteurs d'un sens lisible.

JV – Dans son livre qui vous est consacré, *L'Horizon en images*, Ludovic Fouquet rapporte ces paroles de Jacques Collin, à propos de son travail avec vous : « À partir du moment où tu intègres un écran cathodique sur la scène, à part un statut de télévision, tu ne peux pas en faire grand-chose. Tu ne peux pas intervenir ; il est fixé dans ses dimensions[185] ». Y a-t-il donc des objets techniques avec lesquels il est plus difficile de travailler que d'autres ?

RL – Oui très probablement, mais la déclaration de Jacques est très liée à une époque où quand tu avais un moniteur cathodique sur scène, il venait avec un format, avec une épaisseur qui faisaient que l'on s'embourbait là-dedans ; c'est pourquoi l'on passait toujours par la projection pour éviter cette lourdeur. Mais maintenant, je ne sais pas si Jacques dirait la même chose car l'écran télé que l'on a nous sur scène, par exemple, n'est pas un écran télé ; c'est une projection arrière sur un écran très mince et on a mis un faux cadre devant pour que les gens aient l'illusion que c'est un vieux téléviseur.

Pendant longtemps, je faisais des spectacles où il y avait des indications de vidéo et je me retrouvais toujours en sandwich entre une projection avant et une projection arrière, et je finissais par jouer « à l'égyptienne » : j'ai fait plusieurs spectacles où l'aire de jeu était très limitée. Je n'en pouvais plus et je me suis mis à faire des spectacles en rond pour retrouver la tridimensionnalité du théâtre, son aspect sculptural. Mais maintenant les technologies ont beaucoup évolué, et dans *887*, il y a encore de la projection avant et arrière mais qui ne m'emprisonne pas car il y a aussi beaucoup de petits appareils, de petits moniteurs très minces qui sont intégrés dans la maison – le dispositif scénique de *887* – par exemple qui ne sont pas des projections, ce qui fait que je peux être devant, derrière, au-dessus...

Pauline Bouchet – Cela n'empiète pas sur votre espace de jeu...

RL – Oui c'est ça, et ça vit comme objet en lui-même. Avant j'étais effectivement un peu prisonnier de ça ; on avait un tulle sur lequel on projetait par l'avant, puis un écran derrière, et moi j'étais entre les deux. Ce qui fait qu'on se mettait à faire des spectacles très contraignants qui fonctionnaient par « couches », cela revenait presque à des formes de théâtre du XIXe siècle, où l'on peignait des décors en perspective et où les mouvements étaient contraints par le respect de cette illusion visuelle. Maintenant on s'en va quand même vers une technologie plus malléable et qui dépend moins des dis-

---

185. Ludovic FOUQUET, *L'Horizon en images*, L'Instant même, Québec, 2005, p. 162.

tances de projection. Même la projection elle-même aujourd'hui est plus souple ; on peut avoir un projecteur qui est parfaitement au-dessus et qui peut raser l'écran tout en donnant une image convaincante sans tous les problèmes de parallaxe. Ce qui fait que la technologie rattrape les idées ; mais il ne faut pas s'empêcher d'avoir des idées !

JV – Ma question suivante portait justement sur la manipulation et la corporalité de l'interprète : je me demandais si votre expérience avec le théâtre d'objets et de marionnettes, et donc la question de la manipulation au sens marionnettique du terme, avait aussi pu jouer un rôle dans la façon dont vous vous emparez aujourd'hui des objets technologiques.

RL – Vis-à-vis de la marionnette comme objet, j'ai toujours soupçonné une chose que j'ai pu enfin vérifier quand j'ai fait un opéra, qui a été joué ici à Lyon d'ailleurs, *Le Rossignol* de Stravinsky[186] (basé sur *Le Rossignol* d'Andersen). Il s'agissait d'un opéra avec marionnettes. Or les chanteurs de l'opéra sont toujours un peu embarrassés par leur physique tant ils sont amenés à chanter des choses qui demandent une présence et une énergie physique très poussées. On ne peut pas les faire bouger de la même façon qu'on fait bouger un acteur ou un acrobate. On doit s'en remettre à ce dont ils ont besoin pour appuyer leurs voix et c'est souvent très limité. Ils sont toujours extrêmement conscients de ça et ils aimeraient pouvoir exprimer leur personnage de façon plus physique, mais malheureusement la voix les empêche souvent de le faire.

Or, pour *Le Rossignol,* on a travaillé avec des marionnettes aquatiques vietnamiennes, ce qui fait qu'on avait vidé la fosse d'orchestre, l'orchestre était sur scène, et la fosse était remplie à ras bord d'eau. À l'avant-scène, il y avait justement les marionnettes vietnamiennes, et les chanteurs étaient dans l'eau et manipulaient des marionnettes, on leur avait donné des cours, c'était extrêmement précis et ils chantaient et prêtaient leur voix à la marionnette, de sorte que tout l'embarras physique tout à coup disparaissait. Ils avaient alors tous un vrai personnage qui bougeait vraiment : un vrai pêcheur, une vraie cuisinière, un vrai oiseau, *etc*. Ce qu'ils avaient à faire était donc très physique, mais ils n'avaient pas à *jouer* le personnage physiquement. Il y avait un phénomène de transfert dont je soupçonnais depuis

---

186. *Le Rossignol et autres fables* (Toronto, 2009).

longtemps l'intérêt. On demande souvent aux comédiens de bouger des marionnettes et de leur prêter leur voix, mais ils sont peu souvent bons manipulateurs, parce qu'ils ont le réflexe d'incarner le personnage avec leur corps. Tandis que grâce à cette phobie, ou ce problème que les chanteurs d'opéra ont – qui est un problème de corporalité souvent – la manipulation de marionnettes était très libératrice. Et ça c'est une chose que j'ai envie d'explorer de plus en plus : comment l'objet peut-il être une extension du corps, une extension de l'interprétation, une extension de la composition du personnage ?

J'ai eu ce même type d'expérience quand j'ai travaillé sur *Kà* avec le Cirque du Soleil [2004] – *Kà* c'est un spectacle que j'ai fait à Las Vegas en 2004 et ça joue encore d'ailleurs –. On était dans les premiers spectacles de théâtre où il y avait une avalanche de nouvelles technologies. Au départ, il y avait des choses un peu tape-à-l'œil mais ces choses-là, très vite, un peu comme des peaux mortes, sont tombées, et on s'est aperçu que ce n'était pas pour nous. Mais les choses qui ont collé, c'étaient les technologies qui étaient une extension à la performance ; et notamment toutes les nouvelles technologies vidéo interactives. Par exemple, il y avait une paroi sur laquelle les acrobates descendaient, ils étaient attachés par un harnais et ils remontaient et parfois ils poussaient avec leurs pieds puis retombaient et nous, on projetait des vagues ou des éclats sur la surface qu'ils touchaient. La technologie était là pour donner un contexte – en l'occurrence une vue à vol d'oiseau, un plan renversé d'une armée qui marche dans l'eau – mais aussi, si les acrobates tombaient fort, l'effet était fort, si c'était plus léger, l'effet était plus petit, ce qui fait que c'était véritablement une extension de ce que le performer faisait ; ce n'était pas décoratif.

Et ce n'est pas uniquement avec la technologie que ce problème se pose au théâtre : au niveau de la scénographie, au niveau du décor, souvent les gens perçoivent la scénographie comme un emballage décoratif, mais qui n'est pas en interaction avec l'acteur. Donc on n'y touche pas, on joue devant. Souvent, le décor est une redite des choses qui sont dites. Tandis que moi je suis d'avis que la scénographie, c'est un objet ou un ensemble d'objets qui articule le propos avec l'acteur. Bon, bien sûr, il faut pour ça que l'acteur s'y colle, le bouge, interagisse. Et c'est la même chose pour les nouvelles technologies ; elles sont intéressantes à condition qu'elles « extensionnent » l'interprétation. Là, la technologie a sa place dans les arts vivants. Elle n'est pas figée, et personne n'est prisonnier de son *timing*, de son code barres. Pendant très longtemps, l'intégration des technologies, et surtout de la vidéo au théâtre, emprisonnait : on devenait esclave de la technologie qu'on intégrait. Mais avec les années les technologies se sont davantage mises au service du spectacle. Mais il faut savoir s'en servir aussi.

JV – L'objet devient alors un véritable instrument, au même titre qu'un musicien jouerait du violon…

RL – Exactement. Mais pour cela il faut travailler avec des acteurs qui sont ouverts d'esprit. Car il faut aussi qu'il y ait un esprit ludique qui anime tout ça ; si les gens font leur métier sans ludisme, ça ne passe pas. S'ils ne veulent pas jouer avec ces jouets-là…

JV – Dans *887*, comme je le disais au début, le téléphone portable est à la fois un accessoire de la dramaturgie, qui permet de raconter – et à la rigueur qu'il fonctionne ou pas au moment où vous appelez votre ami pour qu'il devienne votre répétiteur, cela n'a pas d'importance, puisqu'il est alors un simple accessoire et pourrait même être factice – et il est aussi opérant comme outil technique au sein du dispositif.

RL – Oui mais il me donne une permission que je n'ai jamais sentie avant dans un spectacle avec les nouvelles technologies. Souvent, les objets technologiques sont des animaux étranges pour le public. C'est bien quand les gens sortent en ayant été frappés par la poésie ou par la magie, mais en sachant en même temps comment ça fonctionne. C'est toujours mieux de montrer les ficelles et de les faire oublier. Et pour faire oublier les ficelles, il ne faut pas les cacher. Le téléphone portable permet ça. Les gens font tout avec leur téléphone. Tu fais tes virements bancaires, puis quelqu'un te dit « tu m'appelles un taxi » et tu n'appelles pas un taxi, c'est Uber qui sait exactement où tu es, et qui vient te chercher. Je ne sais pas si vous faites ça ici mais quand vous stationnez les voitures dans les parkings, tu ne mets plus d'argent ; nous on a l'application adéquate, et voilà, c'est payé. Donc tout le monde fait tout avec ça. Ce qui fait que sur scène, les spectateurs voient quelqu'un qui fait ce qu'ils ont l'habitude faire ; donc il n'y a pas de « mais c'est quoi ce truc ? Comment ça fonctionne ? », mais plutôt une participation à la poésie, les gens savent comment c'est fait. Même si je triche… Les gens ont l'illusion de dire « tiens c'est ce que j'aurais fait moi ». Et c'est ce qui est raconté avec, tout à coup, qui les prend.

La technologie trop longtemps est venue avec des éléments qui obnubilaient les gens, éclipsaient le propos. Quand Eisenstein présente *Le Cuirassé Potemkine*, les gens ne sont jamais allés au cinéma, il y a un train qui s'en vient et les gens se cachent car ils sont persuadés que le train va rentrer. Cela prend donc du temps pour que les gens s'habituent… Et cela me fait toujours rire quand les gens disent avec envie « Ah, le théâtre sans technologie ! ». Je réponds « mais oui, mais s'il n'y avait pas la lumière électrique… » ; ça a pris du temps pour que les gens s'habituent à autre chose que les feux de la rampe. Même Bartok, quand il a écrit son opéra, *Le Château de Barbe bleue*, s'est basé sur l'invention des filtres de couleur ; tu pouvais ouvrir une porte et avoir un jet de lumières qui n'était pas que blanc, mais qui, tout à coup, était bleu. Qu'est-ce que cela voulait dire pour lui ? La technologie ne doit donc pas obnubiler les gens. Même s'ils trouvent l'idée originale, ils doivent connaître un peu cette technologie, la comprendre. Et je trouve que c'est plus magique encore…

JV – De fait, votre univers est peuplé de ces objets qui appartiennent à notre quotidien : le *walkman* (la cassette vidéo en tous cas) dans *Circulations*, l'appareil photo… Ce sont toujours des objets familiers.

RL – Tout à fait et les gens savent comment cela fonctionne et ces objets-là viennent avec un vocabulaire, avec des règles, des modes d'utilisation, ce qui fait que ta poésie, tu la construis à partir de ces règles-là.

PB – Vous disiez que ce qui est important c'est ce que ça raconte ; vous évoquiez le *smartphone* et son rapport à la mémoire, et la question du transfert de la mémoire dans un objet. À ce propos, Yves Jubinville de l'UQAM, parle de votre travail en termes de « fouilles, et d'exploration, d'archéologie » ; comme si les objets que vous mettiez en scène étaient une sorte d'archéologie de notre société, une façon d'exprimer la mémoire de celle-ci : est-ce que c'est aussi cela que vous permet l'usage des objets technologiques ?

RL – Bon, je n'ai jamais fait de rétrospective de mon travail (*rires*) mais c'est vrai que si on regardait l'ensemble de mes spectacles dans l'ordre, chacun serait un peu le reflet des outils technologiques de l'époque. Mais il y a aussi autre chose qui m'intéresse là-dedans. Les gens pensent que je m'intéresse aux gadgets, « ah ben y a un nouveau gadget, ça l'intéresse », mais ce n'est pas ça du tout… Avant l'impressionnisme, la peinture à l'huile coûtait cher, les pigments coûtaient cher et il fallait avoir des gens qui croyaient en vous pour financer ce matériel et pour devenir des Delacroix, des Caravage ou autres. Les artistes peignaient avec une matière qui n'était pas encore démocratisée. Et tout à coup arrive l'acrylique dans le dernier tiers du XIXe siècle, qui permet que tout le monde ait accès à toutes les couleurs possibles et imaginables ; et ça démocratise la peinture. Mais le problème avec l'acrylique c'est que ça sèche tout de suite. Donc tu ne peux pas peindre dans le temps comme Eugène Delacroix ou les gens qui utilisent l'huile, tu ne peux que faire des impressions. Et l'impressionnisme vient de ça ; il naît du problème qui vient avec le *medium*. L'acrylique est un nouveau *medium* et son problème c'est que tu ne peux faire que des impressions, donc ça crée un nouveau langage. Et c'est évidemment ça qui m'intéresse dans les nouvelles technologies : il y a sûrement des objets qui viennent avec leurs limites, mais qui, si on les met en scène, si on les utilise, peuvent sûrement créer de nouveaux mouvements, de nouvelles façons de raconter, de nouvelles façons de dire. Parce que finalement, on raconte toujours les mêmes histoires, toujours les mêmes choses, c'est les mêmes émotions qu'on évoque ; mais comment le fait-on ? Avec quel vocabulaire ? Et avec quels outils ? Et le vocabulaire, il dépend des outils. Pour moi, les *smartphones,* ce sont des pots de peinture.

PB – Ce qui est aussi intéressant dans votre façon de travailler avec les nouvelles technologies c'est que vous n'abandonnez pas d'autres formes plus archaïques du théâtre et que les deux peuvent se côtoyer, fonctionner ensemble…

RL – Oui, et souvent même, l'un permet de faire accepter l'autre. Par exemple, quand j'ai fait *Kà* – qui aujourd'hui peut apparaître comme un spectacle un peu ringard – les gens se demandaient « mais comment il fait ça ? ». Alors pour qu'ils comprennent un peu l'esprit de ce qu'on faisait – surtout que c'étaient les débuts de la vidéo interactive – on mêlait des formes plus anciennes.
Par exemple il y avait un jeu d'ombres avec des mains. C'est Philippe Beau qui m'avait aidé pour cela. C'est le grand maître de l'om-

bromanie – c'est toujours lui qui me *coache* quand je fais des ombres et il avait travaillé sur *Le Rossignol* avec moi – et c'est toujours fait très simplement chez lui : une source lumineuse, des mains et c'est tout. C'est comme la préhistoire de la technologie. Et donc dans *Kà*, il y a un moment où quelqu'un voit son ombre et se met à jouer avec et cela cohabite avec un truc qui, lui, reçoit du *data* à infra-rouge qui analyse du mouvement, *etc...* Et tout ça vit ensemble. Donc c'est important de montrer les rouages. Les gens sortent en disant « Oh, c'est un spectacle « *high tech* » ». Non ! C'est un spectacle « *tech* » ; il y a du *low-tech*, du nouveau *tech*, du vieux *tech*, du *tech* en devenir...Je me souviens que quand j'ai fait la première version de *La Damnation de Faust*, à Matsumuto au Japon, on travaillait avec un projecteur vidéo qui était le plus puissant du monde, mais on essayait déjà de lui faire faire des trucs que les projecteurs vidéo n'ont pu faire que quatre ou cinq ans plus tard. Et on l'a quand même fait, on a fait un truc impossible ; et tout à coup quand on l'a repris à Paris, le projecteur dont on avait besoin existait ! Et deux ans après il y a en avait un encore plus puissant. Donc les arts « appellent » aussi ces inventions ; il faut aussi créer une demande, créer des besoins.

JV – Vous nous dites que c'est important que le *low tech* côtoie le *high tech*, mais y a-t-il quand même une conscience, une volonté de tracer une histoire des formes de la représentation, du théâtre d'ombres à la vidéo interactive en passant par le castelet ou s'agit-il plus simplement d'un vocabulaire qui s'articule ainsi à chaque fois ?

RL – C'est un vocabulaire libre qu'on se permet mais je suis toujours très conscient de ce que ça raconte aussi sur les formes théâtrales.

Par exemple quand on a fait le spectacle avec les marionnettes, on a travaillé avec différentes échelles de marionnettes et c'était important aussi que les gens retiennent ça, pas juste ce qu'on essayait de dire ; les spectateurs ont vu dans ce spectacle des marionnettes vietnamiennes, taïwanaises, japonaises, des marionnettes géantes ; ils ont vu du théâtre d'ombres, des acrobates avec des masques. Il y avait donc une espèce de panoplie – il y avait même des ombres blanches, un peu particulières avec des miroirs, etc. – mais ceci dit, l'opéra qu'on présentait s'y prêtait bien, il était assez riche en opportunités et en propos pour pouvoir toucher à tout ça, mais il fallait trouver le bon moment. Et sans vouloir faire l'histoire de la marionnette, je trouvais important que toutes les formes de marionnettes s'expriment et trouvent leur niche dans le spectacle. Et le prétexte, c'est que ce conte très précis se passe en Chine, une Chine vue à l'européenne, et l'empereur du Japon offre en cadeau un oiseau mécanique à l'empereur de Chine, bon… ce qui fait que toute l'Asie tout à coup était représentée et ça nous permettait donc d'aller chercher toutes ces formes de marionnettes. On avait une bonne excuse artistique pour le faire. Donc on a évité des formes de théâtre ou des formes de marionnettes qui n'étaient pas asiatiques. Et c'était déjà très riche : il y a plein de marionnettes taïwanaises, qui n'ont rien à voir avec les vietnamiennes, qui n'ont rien à voir avec les japonaises… Et les ombres chinoises étaient approchées d'une façon très asiatique. Ce qui fait que l'ensemble de la soirée pouvait donner l'impression qu'on avait fait l'histoire de la marionnette asiatique.

PB – Cela reste en effet un point fort de votre dramaturgie : raconter des histoires à tous points de vue. C'est l'histoire des formes et votre forme théâtrale privilégiée est celle de la narration. C'est quelque chose qui ne vous a pas quitté, depuis le début de votre travail…

JV – En France, c'est en effet un reproche qui est souvent fait aux spectacles qui utilisent les nouvelles technologies : le fait de se détacher de toute narration, qui peut s'ajouter aux reproches de gadgetisation que vous avez déjà évoqués. *887*, au contraire, repose sur des choses très simples : vous avez parlé de ludisme tout à l'heure car c'est le sentiment que le spectateur peut ressentir, se sentir comme un enfant devant ce décor ; on veut que cela continue à tourner et que vous continuiez à « raconter »…

RL – Il y a une chose que j'ai voulu faire dans *887* et c'est intéressant de voir comment c'est reçu parce que le spectacle est toujours en mouvance, et continue de s'écrire et de se construire. On m'avait demandé, un an avant la création de *887*, de faire une soirée-bénéfice pour un petit théâtre qui était trop petit pour accueillir un de mes spectacles. Il y avait des abonnés et des mécènes, et le théâtre voulait que je fasse une soirée conférence sur ma méthode de travail. Mais bon, moi, si je donnais 50 000 dollars à un petit théâtre, et que j'allais voir Robert Lepage philosopher sur sa méthode de travail, je trouverais ça prétentieux, et je voudrais avoir quelque chose de plus… Si j'avais été violoniste, j'aurais joué quelque chose, même sans orchestre. Du coup, plutôt que de raconter ma méthode, pourquoi ne pas leur raconter ce que j'ai l'intention de faire dans mon prochain spectacle ? Le spectacle n'existait pas encore, mais j'avais une idée de la structure ; j'avais donc amené un projecteur vidéo et je m'étais fait quelques images. Bon, c'était *887* finalement, mais raconté en conférence avec de l'improvisation. Je circulais partout, j'improvisais beaucoup, la soirée a duré presque trois heures et les gens étaient ravis. Et je me disais qu'il y avait une grande liberté dans cette forme de la conférence ; je n'avais pas de conventions théâtrales à respecter et les gens étaient aussi très dégagés de ça. J'avais envie de retrouver cette liberté dans la forme finale du spectacle ; il faut quand même qu'il y ait du théâtre, mais il faudrait que le théâtre arrive quand on en a besoin.

Je m'aperçois que souvent, quand on commence un spectacle, les artistes n'ont pas vraiment de contact réel avec le public dans les dix ou vingt premières minutes, parce que le public est indisposé par le théâtre : les acteurs parlent fort, ont des costumes, parlent dans une langue qu'on ne comprend pas très bien, il faut lire les sous-titres, on ne sait pas trop de quoi les personnages parlent, et les spectateurs se demandent : « Est-ce que j'ai dit à la gardienne d'enfants que nos enfants sont allergiques au beurre d'arachide ? », « on a stationné la voiture, mais a-t-on mis de l'argent ? ». Les gens apportent la ville avec eux, et toi, tu es au XVIIe siècle et tu parles de Mozart et ils ne sont pas du tout réceptifs ! Ils essaient, mais ils ont leur journée dans le corps, ce qui fait que le théâtre les embête. Vraiment.

Je voulais donc créer quelque chose où il n'y ait pas de théâtre immédiatement : ça commence et les gens se disent « Ce ne sera pas difficile » ; on fait l'annonce « Fermez les portables », voilà, voilà, on parle, voilà, puis on utilise le théâtre et la technologie du théâtre quand on en a besoin. Donc, au début du spectacle, j'ai ce numéro de téléphone, et il y a une projection : rien de sorcier. Au fur et à mesure, on apporte des objets, et là, lentement, les gens finissent par être dans le théâtre sans trop s'en rendre compte. Ils ne sont pas « heurtés » par ce mur, qui est un mur aliénant. Moi je vais au théâtre, et je ne comprends pas toujours de quoi ça parle ; on m'a dit que c'était un bon spectacle, donc c'est sûrement bon, mais là je perds du temps, je ne suis pas là. Je pense qu'il faut partir d'eux, les spectateurs, et d'un objet familier, d'une situation familière. C'est ce que je dis d'ailleurs au début du spectacle *887* : « Je me suis demandé si c'était de la paresse ou de la fatigue ou si c'était tout d'un coup parce que, comme la plupart des gens qui sont ici ce soir, je fais trop confiance à ce petit gadget ». Je dis « comme la plupart des gens » parce que, de fait, la plupart des gens réunis-là ont le même objet et donc on parle de ce qu'on a en commun.

PB – C'est une façon de recréer une communauté d'emblée...

RL : C'est ça, et on s'entend sur le fait que la mémoire c'est surtout ça (*Il désigne son téléphone*) : les gens rient de cette chose là et puis ils font « ok », et on est tous au même endroit.

PB – Les types de spectacles que vous faites demandent d'avoir une équipe, mais aussi une structure, permettant d'avoir ce temps, où vous pouvez justement « jouer », tester des choses, expérimenter, comme à la Caserne où vous avez cet espace...

RL – Oui, nous faisons avant tout de la création et nous avons donc pris le parti de dire : « tout le monde est toujours là ». Au théâtre, bien souvent, tout le monde est là la veille de la première ou la semaine avant la première seulement, jamais avant ça...

JV – Alors que la technologie demande des temps de recherche et de développement...

RL – C'est exactement ça. Alors, quand tu travailles avec de la technologie interactive, par exemple, tu passes une commande à une personne qui n'est pas dans la salle de création avec toi et qui ne sait donc pas de quoi tu parles. Et cette personne ne va, le plus souvent, que parler avec le metteur en scène. Pour nous, au contraire, la nécessité de ces technologies-là vient dans le travail, dans la création. Il ne s'agit pas de dire « ah, ça c'est un spectacle où on va utiliser tel genre de truc ». On commence, on improvise, et puis il y a toujours quelqu'un qui finit par dire : « Bon attends, il y a un objet qui existe et qui fait telle chose, si vraiment vous voulez aller là, eh bien, je sais qu'il existe ça, qui permet de faire ça, je peux peut-être appeler à Montréal, ils ont un prototype qui existe, etc. ». L'équipe met alors en branle tout un système qui fait qu'on finit par improviser avec l'objet en question, et on voit si c'est le bon outil, si c'est la bonne chose... Cette recherche fait partie intégrante de l'écriture et ce n'est pas quelque chose qui est commandé d'avance, qui a été réfléchi d'avance, c'est ça la grande différence. Bon, évidemment, c'est un processus qui coûte plus cher ; mais, nous en avons pris le pari, parce que nous nous sommes rendus compte que quand on travaillait comme ça, même à petite échelle, cela donnait des résultats différents.

JV – Excusez-moi de faire un retour en arrière, de manière plutôt décousue, mais j'aimerais bien revenir sur quelque chose que vous disiez tout à l'heure. Vous avez parlé de « montrer les ficelles » ; dans une des scènes finales de *887,* celle dans laquelle on vous voit, enfant, distribuer des journaux, tout est « montré » : on voit la caméra, le rail sur lequel elle est fixée… Et, pourtant, on est complètement happé par l'image.

RL – Oui, mais je fais confiance à l'intelligence et à la capacité d'émerveillement du spectateur. Quand j'ai fait *La Face cachée de la lune*187, un immense miroir composait le décor ; à la fin, il se renversait à quarante-cinq degrés, et les spectateurs voyaient s'y refléter le sol et, au sol, des chaises couchées sur leur dossier. J'étais couché au sol, comme si j'étais assis dans une salle d'attente, ce qui fait que les gens me voyaient assis sur une chaise mais qu'en fait j'étais couché sur le sol. Evidemment, pour que les gens me voient dans le miroir, ils me voyaient aussi au sol, en même temps. Mais très vite, ils arrêtaient de regarder au sol, parce que les gens vont vers la magie et ce processus me permettait de voler. Je volais sur le sol, les gens me voyaient m'envoler et même s'ils aimaient voir comment c'était fait, ils restaient scotchés à ce que ça racontait. C'est la raison pour laquelle je dis toujours qu'il faut faire confiance au spectateur ; son œil va vers le merveilleux, l'original, le drôle, le spectaculaire, l'émouvant… Alors oui, le curieux passera peut-être un peu plus de temps à regarder comment c'est fait mais nécessairement ça le renverra vers le narratif, vers l'illusion…

JV – Est-ce que, au-delà du fait que les objets sont les signes d'une certaine contemporanéité comme vous avez pu le dire au début, qu'il y a donc une envie de jouer avec ça, de se les approprier, que ce sont donc des objets familiers, est-ce qu'il y a aussi dans le jeu que vous faites avec les machines, une volonté de les réinventer, de nourrir le rapport que l'on entretient avec elles ?

---

187. 2000, Québec.

RL – Oui, je pense que oui. Et je vous dirais que plus une technologie évolue et devient plus raffinée, plus sophistiquée, plus efficace, plus elle ressemble à une chose de la nature. Elle ressemble à une partie du corps humain ou à un animal ou à une plante : plus les avions s'aérodynamisent, plus ils ressemblent à des oiseaux ou à des poissons. Le perfectionnement des objets technologiques passe aussi par un rapprochement avec les choses qu'on connaît dans la vie de la nature. Et je pense que cette poésie-là, le théâtre l'utilise depuis longtemps. Très souvent dans un théâtre pauvre, on utilise un objet commun pour remplacer une chose ; on prend un os de bifteck pour faire comme si c'était un téléphone. On donne souvent à un objet une utilité qui lui ressemble soit par la forme, soit par l'utilité, la nécessité. Donc c'est le propre du théâtre de faire ça, la poétique de l'objet c'est ça.

Et l'objet technologique comme tel est encore plus complexe mais il peut être encore plus poétique… L'art nouveau, par exemple, c'est ça, c'est dire : le métro emmène les gens sous la terre, donc toute l'esthétique architecturale va avec : les lampes c'est des plantes, des pissenlits, c'est très végétal. Tout à coup les gens ont une conscience du végétal… C'est pas que d'aujourd'hui qu'on utilise ça.

Mais je trouve ça intéressant que les architectes qui utilisaient des espèces de gros cubes très complexes en tant qu'ordinateurs, maintenant ont un i-pad pro qui est en fait vraiment une tablette à dessin ; donc on ramène la technologie à ce que les choses étaient de manière primaire. Ce qui fait qu'on n'invente pas de nouvelles formes mais qu'on se rapproche des formes déjà existantes, de leur simplicité.

PB – On a parlé, avec votre assistant avant que vous arriviez, de l'expérience avec l'*oculus rift*. Vous pouvez nous parler pour terminer de cet objet peut-être ?

RL – Pour le 10ᵉ anniversaire de la Grande Bibliothèque de Montréal, on m'a demandé de faire une installation à partir de l'œuvre d'Alberto Manguel, auteur qui a beaucoup écrit sur les bibliothèques, et de lui rendre hommage. On cherchait donc la forme appropriée, comment faire ça d'une façon originale et, en même temps, on faisait des démonstrations, chez nous, d'oculus rift qui est donc cet espèce de truc avec les lunettes. Et comme l'œuvre d'Alberto Manguel racontait l'ambiance et l'esprit de certaines bibliothèques durant certaines périodes et dans certains endroits du monde, on s'est dit que ce serait bien de faire voyager les gens et de reproduire dix de ces grandes bibliothèques à travers le temps et à travers l'espace. Et tout à coup cette technologie-là se prêtait très bien à cette expérience-là. Evidemment, on est partis faire des tournages avec une technologie qui était encore en train de s'inventer, donc on a été parfois un peu maladroits, mais bon…

Dans la dernière année et demi, on a tourné dans dix bibliothèques différentes avec des multi-caméras et utiliser des logiciels pour coudre toutes ces images-là ensemble. Les gens mettent le casque et ils sont à Sarajevo, dans la bibliothèque de Sarajevo, qui a été bombardée pendant la guerre puis reconstruite. Et là il y a un violoncelliste qui vient jouer, parce qu'il y a vraiment eu un violoncelliste qui est venu jouer dans les ruines de la bibliothèque ; on a donc reproduit cette idée. Et le spectateur peut se tourner, peut regarder partout ; ça a vraiment été tourné là. Sauf que nous, on a ajouté, en post-production, des choses. On donne l'impression du bombardement, on fait flamber des trucs, ce qui fait qu'au son et à l'image, on a pu faire toute une post-production avec cette technologie-là. Il y a cette bibliothèque de Sarajevo mais il y en a neuf autres ; je ne vais pas toutes vous les énumérer ou vous les expliquer, mais il y a en qui sont virtuelles parce que il y a des bibliothèques où nous n'avons pas pu aller tourner. La bibliothèque du congrès de Washington, pas de chance, mais les membres du personnel étaient très heureux de pouvoir collaborer donc on a pu envoyer un photographe qui a fait des tas et des tas de clichés. Puis nous avons crée en 3D le lieu et les spectateurs pensent qu'il s'agit du vrai lieu.

JV – Le spectateur est-il immobile ou se déplace-t-il ?

RL – Il est immobile. Il y a une espèce de petit préambule dans une bibliothèque, ensuite le spectateur passe par une porte secrète de la bibliothèque et il entre dans une immense forêt où sont installées des tables de bibliothèques avec des lampes. Là le spectateur met son casque et s'assied sur une chaise pivotante qui lui permet de regarder où il veut – parce qu'en fait pour des raisons d'assurance et de sécurité il faut que le spectateur soit assis. Si l'on fait ça debout, les gens perdent l'équilibre. La chaise pivotante permet au moins de tourner sur place et nous avons réussi, entre autres dans la bibliothèque de Washington, à donner l'illusion un mouvement : les spectateurs sont dans une espèce de coupole où ils voient Washington de nuit et, là, lentement, on les descend, et ils voient tout l'intérieur de la coupole, tous les détails, qui les amènent jusqu'au sol pour qu'ils comprennent un peu comment la bibliothèque est construite.

Il y a également la bibliothèque du Capitaine Nemo de *Vingt mille lieux sous les mers*. Il y a donc de vraies bibliothèques où nous sommes allés tourner, qui datent parfois du XIXe siècle, mais il y a aussi des lieux virtuels, des bibliothèques fictives…

L'*oculus rift* est une invention qu'ils essaient de mettre au service d'Hollywood ou des jeux vidéos, qui vont en faire une utilisation sûrement intéressante mais les gens d'Hollywood et des jeux vidéos ne savent pas quoi faire avec ça, parce que ce n'est pas un écran. C'est une immersion qui nécessite du déplacement ; c'est du théâtre en fait. Et c'est une interaction où le spectateur choisit aussi ce qu'il regarde, comme au théâtre. Et donc pourquoi sont-ils venus cogner à la porte d'Ex machina ? Parce qu'ils se sont dits « eh bien peut-être que des gens de théâtre peuvent en faire une utilisation plus à propos, plus juste ». Bon, je n'ai pas la prétention d'avoir réussi ça mais c'est vrai que cet objet est beaucoup plus proche de notre langage à nous.

JV – C'est donc une immersion qui est peut-être moins « autoritaire » que celle que peut proposer un jeu vidéo qui nous indique où regarder, non ?

RL – Oui, sauf qu'il y a un peu de ça aussi parce qu'il y a une narration – bon tu as toujours le choix de regarder ou de ne pas regarder si tu n'en as pas envie, mais parfois on décide de regarder au plafond, des gens font ça puis reviennent à un détail qui les passionnent, donc il y a une certaine liberté, mais après tout c'est la même manipulation que celle faite au théâtre ; on attire le regard mais on n'a pas le contrôle que le cinéma a où tu ne peux pas regarder autre chose que le gros plan que je te propose – tandis que là, oui, on guide mais on n'impose pas.

JV – Finalement c'est un objet un peu comme le téléphone et l'appareil photo qui a encore un rapport à la mémoire un peu particulier, puisqu'il permet de voyager dans le temps ; mais n'est-ce pas là une particularité de ces objets-là…Une paire de souliers permet-elle un tel voyage dans le temps ?

RL – Oui je crois. Ces choses-là fonctionnent bien, que ce soit un objet petit mais précis ou un objet technologique extrêmement précis, ces choses-là fonctionnent bien si le langage est universel. C'est quand ça devient plus compliqué, qu'il faut décoder le truc, trouver une équivalence, c'est là que ça devient moins lisible. Bon, par exemple, tu parles des souliers ; c'est sûr que les souliers viennent avec une époque. C'est un langage universel les souliers ; il y a déjà eu un humain dedans. C'est un point de départ universel pour les gens, mais à partir du moment où tu te réfères à un 33 tours de tel artiste, alors oui pour certaines cultures c'est compréhensible, et encore… C'est pour ça que je dis il faut que ce soit universel, et cela ne limite pas nécessairement le propos.

Maîtresse de conférences en Études Théâtrales et Directrice du Centre d'Etudes Canadiennes à l'Université Grenoble-Alpes, **Pauline Bouchet** a enseigné en France et au Québec. Spécialiste de dramaturgies contemporaines et en particulier de théâtre québécois, elle vient de publier sa thèse remaniée sous le titre *Les Voix du théâtre québécois* dans la collection « Etudes Canadiennes » chez l'éditeur Peter Lang. Elle a publié plusieurs articles portant sur la dramaturgie québécoise et plus récemment sur l'improvisation qu'elle pratique. Ses recherches récentes portent sur le rapport entre arts de la scène et soin. Elle est également lectrice de théâtre chez Actes-Sud Papiers, membre du comité de lecture Troisième Bureau à Grenoble et membre de la commission théâtre du Centre National du Livre. Elle a co-fondé la compagnie *Les Songes Turbulents* avec le metteur en scène Florent Siaud.

DE STEVE JOBS À L'ACTEUR DE THÉÂTRE : MACHINES NUMÉRIQUES ET MACHINATIONS HUMAINES ENTRETIEN AVEC JEAN-FRANÇOIS PEYRET

Propos recueillis par Jean-François Ballay

Pour le spectateur néophyte qui ne connaît pas la démarche théâtrale de Jean-François Peyret, ses spectacles peuvent être perçus comme des bizarreries expérimentales, déroutantes, accordant une place importante à la technologie, aux réflexions scientifiques, philosophiques, littéraires, et dédaignant de suivre le fil linéaire d'une action dramatique. Quant à la place de l'acteur, elle est assez particulière : il ne s'agit pas, en général, d'incarner un personnage, mais plutôt de vaquer à diverses occupations sur le plateau, en faisant circuler des fragments de textes et en laissant les machines prendre le dessus grâce à leurs performances visuelles, sonores, voire cognitives.

À quatre ans d'intervalle, Jean-François Peyret est passé de l'univers d'un des pères fondateurs de la littérature américaine, Henry David Thoreau, à celui d'un autre Américain non moins légendaire : Steve Jobs. En passant ainsi de Walden, ou la vie dans les bois *au* Macintosh *dans* Citizen Jobs, *Peyret fait un pied-de-nez inattendu à son public : au contraire de ses créations précédentes, il choisit cette fois-ci, pour s'emparer d'un des sujets les plus emblématiques de la technologie contemporaine, de montrer un comédien seul, sur une scène vidée de tout objet technique. Mais le comédien, Jos Houben, convoque aussitôt ses propres machines scéniques, celles de la magie et du jeu de l'acteur. On voit alors dialoguer les techniques archaïques du théâtre avec les machines électroniques du XXIe siècle, pour mieux débusquer les attentes du spectateur…*

De Walden *à* Citizen Jobs[188]

Jean-François Ballay – Je propose, pour commencer, de faire un lien entre tes deux derniers spectacles. En travaillant sur *Walden* (2011-2013), comme tu l'avais dit à l'époque de façon un peu provocatrice et malicieuse, à partir de *La vie dans les bois*, tu avais inversé les choses en remplissant la scène de technologie ; cette fois-ci tu t'es intéressé à Steve Jobs, un contexte éminemment technologique, et là au contraire tu as décidé de vider la scène de toute technologie…

Jean-François Peyret – C'est un fait que, dans cette espèce de diptyque sur l'individualisme américain, sur deux figures un peu mythologiques, qui viennent d'époques différentes, Thoreau et Jobs, il y a quelque chose d'asymétrique puisque le travail sur le matériau *Walden* a été fait dans un contexte hyper technologique, ce qui pouvait paraître effectivement une malice ou un paradoxe s'agissant de l'homme qui s'était plutôt diminué ou réduit à sa plus simple expression dans sa cabane au bord de l'eau. Au contraire, du point de vue du théâtre, *Citizen Jobs* est d'abord un monologue, avec un travail sur les pouvoirs du comédien réduit à sa plus simple expression, puisqu'il n'y a pas d'environnement technologique dans ce spectacle.

Il y a aussi des raisons de circonstances. Ces deux spectacles sont un détour dans le chemin que j'ai mené jusque là, de spectacle en spectacle, puisque (pour *Walden*) il y avait eu cette proposition de l'EMPAC (The Experimental Media and Performing Arts Center, Troy, USA) qui est un haut-lieu de la technologie. Dans ce contexte, il pouvait paraître provoquant de choisir Thoreau, mais au fond il y avait quelque chose du battement de l'Amérique, entre cette mythologie du retour à la nature, ou plutôt d'aller vers la nature, dans une cabane, et la société technologique que les États-Unis représentent. Après *Re : Walden*, il n'y avait pas tellement de propositions nouvelles, à cause de la lourdeur technique ; c'est un spectacle qui n'a pas pu tourner beaucoup, même s'il a rencontré son public ; des propositions d'achat n'ont pas pu être honorées, dans la mesure où le spectacle coûtait cher ;

---

188. *Re : Walden* a été présenté en version expérimentale au théâtre Paris-Villette en juin 2011. Création théâtrale au Festival d'Avignon en 2013 et repris la saison suivante au Théâtre National de la Colline. Avec : Jos Houben, Clara Chabalier, Victor Lenoble, Lyn Thibault, et Alexandros Markeas (piano). *Citizen Jobs* a été créé au Cent-Quatre à Paris en mars 2015, et repris au théâtre de Vidy-Lausanne en janvier 2016. Avec : Jos Houben. Scénographie : Nicky Rieti. Lumière : Bruno Goubert.

il y avait un plateau assez compliqué, qui demandait beaucoup d'installations et de réglages, et une jauge qui ne pouvait pas être énorme puisqu'on ne pouvait pas le jouer devant 800 personnes.

Pour mon dernier spectacle, *Citizen Jobs*, je me suis retrouvé dans une situation de pauvreté, et avec Jos Houben, le comédien qui était déjà sur *Re : Walden*, il y avait l'idée de faire quelque chose ensemble. Ça m'intéressait parce que Jos Houben était à sa manière un « objet technique », que je ne connaissais pas très bien. Il vient d'une autre tradition, d'une autre langue ; ce n'était pas tout à fait ma famille d'acteurs, et ça m'intriguait de tenter quelque chose avec lui. Donc c'est un spectacle autour d'un comédien, dont Jobs a été le prétexte, et un comédien qui n'a que les moyens du théâtre, le plateau, une voix, et un tout petit peu de magie…

JFB – Qu'est-ce qui t'a conduit à t'intéresser à la figure de Steve Jobs ? Il ne fait pas partie de ton Panthéon, contrairement à des Galilée, Turing, Thoreau, etc. Est-ce le personnage ? Est-ce la mythologie Apple (les deux étant inextricablement liés) ?

JFP – Je dois reconnaître (au soir de ma carrière…) que mon théâtre s'est souvent cristallisé autour de figures un peu mythologiques, Galilée, le père de la science moderne, Darwin, Turing, etc., et c'est vrai qu'il faut constater que mes spectacles se sont souvent fabriqués comme ça. Je n'ai bien sûr pas le même rapport de fascination, ou même d'intimité, avec quelqu'un comme Jobs qu'avec Thoreau… Je ne me prends pas du tout pour Thoreau, et je ne pourrais pas passer deux ans et deux mois au bord d'un étang, en célibataire… mais d'une certaine manière il y a la littérature. À chaque fois il y avait de grandes choses. Avec Turing il y a les mathématiques.

JFB – Ce sont des géants.

JFP – Ce sont des géants qui sont hors de mes prises, parce que je ne peux pas comprendre ce qu'ils font, mais j'ai l'impression d'y avoir plus facilement accès qu'à ce type de mythe qu'est Steve Jobs. Ce n'en est d'ailleurs pas un en France, mais c'en est un évidemment aux États-Unis, et dans pas mal de pays. Ce qui était d'ailleurs le point de départ du petit film de Chris Marker au moment de la mort de Steve Jobs : « la mort d'un titan » etc., dans le monde entier. Nous on connaît la fameuse Une de *Libé* avec la pomme renversée, qui devient une larme. Donc ça m'avait frappé, c'est vraiment un géant, un mythe. Mais de quoi était-il le nom, Steve Jobs ? Sans doute, il a effectivement incarné la révolution numérique… Même s'il n'est pas le seul responsable de tout ça, et sans doute pas le créateur puisqu'il n'était pas programmeur. Mais il a mis Internet dans notre poche, comme a dit Obama. Et donc ça me paraissait intéressant.

Macintosh : quel statut scénique pour l'objet technique ?

JFB – Pour en venir au spectacle, qu'est-ce qui se passe sur la scène de *Citizen Jobs* ? Tu as parlé tout à l'heure de la « cabane » à propos de *Walden* ; avec cette notion de cabane, il y a peut-être un lien entre les deux spectacles ? Sauf que cette fois-ci, la cabane est sur un plateau nu…

JFP – Dans *Citizen Jobs* il n'y a pas de « nouvelles technologies », comme on dit au Ministère ; il n'y a pas de vidéo ; le comédien n'est pas sur micro HF… Mais il y a quand même une scénographie, qui est assurée par Nicky Rieti, qui est américain et avec qui je travaille depuis des décennies. *Re : Walden* était le premier spectacle dont il n'assurait pas la scénographie, à cause des conditions particulières de ce spectacle et notamment de sa genèse : une commande de l'EM-PAC, un bricolage d'installation qui s'est transformé en performance, pour arriver finalement à une forme théâtrale, mais qui n'avait au fond pas de scénographie. C'était simplement un mur d'écrans installé entre le plateau et les spectateurs, un système musical avec deux pianos augmentés à jardin, et un grand écran en fond de scène, c'est tout. Pas de scénographie donc, pas de costumes, et pas de lumière.

Donc quand j'ai proposé à Nicky Rieti de travailler sur *Citizen Jobs*, d'abord ça ne lui disait pas grand-chose, Jobs c'était encore un Américain… il y a réfléchi, et il m'a proposé l'idée d'une cabane, avec un paysage forestier, des souches, une hache. Je me suis dit, tiens, c'est une vengeance, il essaie de me refiler le décor qu'il aurait fait pour *Walden*… Donc, c'est lui qui a fait le lien entre les deux spectacles. Quand je dis diptyque américain, c'est parce que le scénographe n'était pas sur le premier spectacle, et qu'il est Américain… Et en plus, c'est assez juste par rapport à la mythologie américaine ; il a fait cette collision d'images entre le hippie qui devient cyber-patron et cette mythologie *thoreauvienne* qui était celle des hippies dans les années soixante.

Cette e-cabane, je ne sais pas si c'est un « objet technique », mais quel est son statut ? C'est une cabane sur roulettes, mais ça pourrait intriguer Steve Jobs s'il revenait voir le spectacle, parce qu'il comprendrait que c'est un produit Apple. La cabane a la couleur des Mac, et il y a un design qui est celui de la marque, avec la pomme. Quel est le statut ontologique de cet objet ? D'un côté il y a un appel vers l'objet technique, mais en même temps c'est un accessoire, ou un élément de décor, et ça c'est un apport personnel de Nicky.

J'ai compris aussi que, pour Nicky, Steve Jobs était déjà un homme du passé. Un homme du vingtième siècle, un visionnaire certes – 1984, la date de lancement du Macintosh, c'est la libération de l'individu augmenté par l'ordinateur individuel ; pour Jobs, ça allait augmenter l'homme, ça allait être une espèce d'achèvement de la révolution numérique… Si on se place trente ans après, le micro-ordinateur, ce n'est pas Big Brother effectivement, ce n'est pas « 1984 », mais c'est le big data ; c'est tout un enchevêtrement, on est pris dans un milieu technique qui n'est pas forcément celui de la liberté, ou de l'augmentation de la puissance individuelle…

Et puis, quand Nicky propose quelque chose, je lui fais confiance ; ça m'a intrigué, cette histoire de cabane, mais en même temps c'est compliqué, on ne sait pas quoi en faire. Déjà, c'est un théâtre *a minima* puisqu'il y a un seul comédien. Est-ce que c'est du théâtre ? Ce n'est pas évident. Et en plus, avec cet objet très encombrant…

JFB – Il y a un côté *Alice au pays des merveilles*…

JFP – Oui, ça a un côté Walt Disney aussi. C'est un paysage naïf et enfantin ; la cabane, les souches, la hache, tout ça c'est l'Amérique du cartoon.

JFB – La cabane est complètement creuse…

JFP – Mais quand l'acteur y entre, ça fait des bruits, parce qu'il y a des tas d'objets dedans ; il y a tous les accessoires qui sont utilisés dans la troisième partie du spectacle, qui s'appelle maintenant « Citizen in the woods ». Cette troisième partie est une sorte d'acte sans parole à la Beckett. C'est un numéro de comédien. En plus ce sont des citations du burlesque américain, parce que Jobs connaît cette tradition par cœur. Il introduit des tas de références à des gags, et il joue avec tout ça. Et donc c'est très virtuose, et dans la cabane il y a effectivement beaucoup d'objets, des gants, des crayons, des lunettes, le sac… Tout ça est très compliqué, il faut par exemple que l'harmonica soit là au bon moment pour être derrière la hache ; il faut que la pomme soit la bonne pomme, il y en a une qui est percée.

JFB – Il y a un côté illusionnisme…

JFP – Oui, on s'est dit qu'il n'y a pas de technique, alors on va faire un truc avec une sorte de magie rudimentaire. Ça ne va pas très loin, mais ça demande beaucoup d'habileté. Pour le comédien, c'est assez compliqué, et c'est ça que Jos aime faire. Il y a beaucoup de manipulations. Ces objets, je ne sais pas s'ils sont « techniques » mais ils renvoient à l'idée d'objet technique parce que dans chacun de ces accessoires il voit un objet technique : il voit une hache, et il pense que c'est une sorte de i-phone, c'est une espèce de cauchemar.

De l'esthétique de la machine à l'écriture de plateau

JFB – L'objet technique est lié aussi à l'imaginaire. À l'art et à l'imaginaire.

JFP – À l'imaginaire, et donc au bout du compte au désir et à la consommation. Jobs est dans ce champ-là de problématique.

JFB – Mais c'est aussi un esthète, ou en tous cas il est fortement porté sur le design puisqu'il a fait une UV de calligraphie à la fac. Et donc, l'objet technique, pour lui, c'est d'abord un objet esthétique. Et ça, pour ton propre travail ça t'intéresse peut-être…

JFP – La calligraphie, c'est peut-être autre chose. Effectivement, ce qui l'intéresse à Reed College (à Portland), quand il y passe un peu plus d'un an, en « perdant un peu son temps », il écoute Dylan

Jos Houben, dans *Citizen Jobs*, Jean-François Peyret, 2015. Crédit photo : M.-M. Maréchal

sur son grand magnétophone à bandes, et puis il suit un cours sur la calligraphie, et c'est pour ça que sur nos ordinateurs on a un tel choix de polices de caractères qui ne servent pas à grand-chose... Mais, ce qui est intéressant, c'est qu'effectivement c'est un esthète. Il faut que ses produits soient beaux, au détriment parfois de la fonctionnalité et donc aussi du bon rapport qualité-prix. C'est un obsédé de ça. Dès qu'il devient riche, sa première maison, il n'arrive pas à la meubler, parce qu'il ne trouve pas les meubles qui lui plaisent. Et même pas les poignées de portes... Après la rencontre avec le dessinateur industriel Ronald Wayne, il est intéressé par le design, notamment les produits Brown qui étaient très beaux. Ça fait partie de son côté artiste. Il change le monde comme un artiste, c'est-à-dire qu'il introduit de la beauté dans le monde. Et je pense qu'il est sincère quand il dit ça. On peut en rire, mais en même temps, ça renvoie à toutes ces problématiques de l'objet industriel. Il reproche à Gates de faire des produits moches ; il lui dit : si tu avais pris un peu de LSD et si tu avais fait le voyage en Inde, tu ferais peut-être des choses moins laides.

JFB – Et toi, on pourrait aussi te qualifier d'esthète, mais en même temps quelqu'un qui aime bien déconstruire ou détourner les esthétiques. Ce côté esthète chez Jobs, dans ta mise en scène, ça a une incidence ?

JFP – Je peux répondre sur la question de l'esthétique, mais je ne pense pas que ce soit lié à Jobs que je découvre quand même un peu sur le tard. Ce n'est pas en tant que faiseur de théâtre, mais en tant qu'utilisateur. Le fait que les produits Apple ne soient pas laids ne me déplaît pas... J'étais un peu amoureux de mon Macintosh, au début...

JFB – Tu en a mis toute une rangée sur l'avant-scène de *Walden*... Si tu aimes bien, comme tu le disais, ces petites machines en tant qu'utilisateur, est-ce que, sur la scène de théâtre, tu aimes bien mettre de l'esthétique ?

JFP – Il faudrait se mettre d'accord sur l'histoire...

JFB – De l'esthétique !

JFP – On ne peut pas penser dans la continuité l'objet technique *designé*, beau, et la question du beau sur un plateau. C'est vrai qu'à titre personnel, je suis assez sensible à certains objets. Quand j'étais gosse, j'étais tombé amoureux des petits appareils Brownie Flash, de Kodak, dans les années cinquante, qui étaient très bien designés aussi, et après je ne me suis plus intéressé à la photo.

JFB – Dans ta façon de travailler avec tes compagnons de plateau, le musicien, le designer sonore etc., qui utilisent eux aussi des technologies avancées pour faire de la musique ou du son, ou également, dans *Re : Walden*, pour faire de la traduction automatique et produire des voix de synthèse et des images de synthèse, eux comme toi, vous êtes assez perfectionnistes, et vous utilisez ces technologies à fond pour en sortir quelque chose. Jobs aussi, à sa manière. Donc, tu retrouves peut-être quelque chose de commun avec lui ?

JFP – Encore une fois, je distinguerais les choses. Il y a peut-être un débat (si ça intéresse quelqu'un), qui tournerait autour de la question de la présence de ces objets techniques sur un plateau, et de savoir si ça fait du « beau »… Il y a un souci, effectivement, d'une certaine forme, et peut-être du plaisir de cette chose technique, mais je ne pense pas que ce soit lié chez moi au fait que je consomme du Macintosh ou à Jobs. Je n'ai pas l'impression de lui devoir grand-chose…

JFB – Par contre, quand vous travaillez avec Coduys (le designer sonore) ou avec Markeas (le pianiste), vous peaufinez beaucoup le travail avec ces machines ?

JFP – De toute façon, la technologie nécessite d'être très précis, et puis effectivement, ça m'intéresse d'expérimenter ces possibilités…

JFB – Ou pour le dire autrement, est-ce que l'objet technique te pousse dans tes retranchements en tant qu'écrivain de plateau ?

JFP – Oui sans doute… Et le fait que ces objets produisent de l'art, oui. Notamment musicalement…

JFB – Par rapport à certains metteurs en scène qui ont pu avoir tendance à plaquer de la technologie sur leur façon de faire du théâtre (image vidéo etc.), dans ton cas c'est très différent, tu utilises la technique pour faire bouger les façons de faire du théâtre ou de le recevoir.

JFP – Si on parle de ça, dans le cas de la vidéo par exemple, tu as l'écran qui est un objet technique sur un plateau, ou la présence des caméras, ça induit assez vite une esthétique qui est un peu générale. J'essaie de ne pas être dans cette problématique plateau/écran. Il y a des tas de variations là-dessus. Mais ce qui est important avec l'objet technique, si on parle maintenant du plateau de *Citizen Jobs*, c'est la question de sa visibilité ou de son invisibilité. Est-ce que la chose est avérée, ou au contraire est-ce qu'elle n'est là que dans ses effets ? Si tu projettes plein cadre une image vidéo, même transformée en temps réel, et qu'il n'y a pas d'écran, ce n'est pas la même chose que si tu mets un écran. Ou si on choisit de rendre visible un vidéoprojecteur sur le plateau, on peut aussi le faire manipuler par les comédiens, comme on l'a fait sur *Re : Walden*. Il y a des tas de variations possibles, je crois que j'en ai expérimenté pas mal dans le genre, mais qui sont liées à la question – si on veut le dire dans des termes anciens, comme « vieux style » dirait Beckett – à la question du beau. J'aime assez que ce soit beau. Et ce n'est pas toujours le cas sur les plateaux, certains préfèrent le trash, etc. J'aime qu'il n'y ait rien, ou pas beaucoup d'objets, et plutôt des *effets* techniques sans doute.

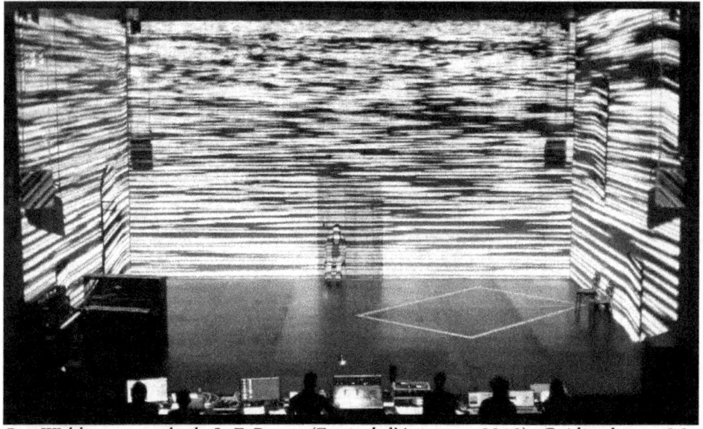

Re : Walden, spectacle de J.-F. Peyret (Festival d'Avignon, 2013). Crédit photo : M.-M. Maréchal.

« *Objet technique* » *et performance scénique : l'acteur comme machine*
JFB – Et tu aimes bien aussi utiliser la technique pour la mettre en face des comédiens ; pour les confronter à ces machines, qui peuvent les déstabiliser...

JFP – Croient-ils...

JFB – Sur *Re :Walden*, il y avait Jos Houben, un comédien anglo-saxon expérimenté, très rôdé sur les techniques de jeu, sur le corps, et avec lui sur le plateau, des jeunes comédiens formés à l'ERAC (Ecole Régionale des Acteurs) à Cannes, où l'on s'intéresse à la relation entre le jeu du comédien et la technologie.

JFP – Pour Jos Houben, ce n'est pas dans sa tradition de jouer avec la technologie. Il a été formé à l'école Lecoq. Il n'aime pas le micro... Alors que les trois jeunes, ils avaient beaucoup travaillé avec la technique, à l'école.

JFB – J'imagine que tu as dû discuter souvent avec Jos sur ces questions, puisqu'il a participé à ces deux spectacles opposés, *Re :Walden* où il y a plein de machines, et *Citizen Jobs* où il n'y a que le jeu du comédien. Est-ce que la façon de travailler, pour lui, était différente, entre ces deux spectacles ?

JFP – Je pense qu'il est plus lui-même dans *Citizen Jobs*. Dans *Re : Walden*, il passe là-dedans, en donnant le texte dans sa version originale, et il ne fait pas grand-chose de ce qu'il est habitué à faire. Alors que, dans *Citizen Jobs* c'est le contraire ; là on travaille beaucoup à partir de ses propositions, qui viennent du burlesque, du corps, de sa tradition anglo-saxonne d'un rapport immédiat au public. Ce n'est pas du tout la façon dont je travaille. Ça m'amusait justement d'essayer ça avec lui. Mais je pense, sans parler à sa place, qu'il n'est pas un fanatique de l'objet technique sur un plateau. Il n'a pas besoin de micro, il n'a pas besoin d'images, il fait tout très bien tout seul.

JFB – Tu seras peut-être plus à l'aise pour parler de toi... On peut essayer de faire un parallèle entre les deux spectacles. Dans *Re : Walden*, où il y avait beaucoup d'objets techniques, tu avais peut-être une façon de travailler différente, par rapport à *Citizen Jobs* où toi et le comédien êtes dans une autre configuration ? Qu'est-ce qui changeait le plus pour toi ?

JFP – À part l'Amérique et le fait que la contre-culture américaine des années soixante, soixante-dix (dont est issu Steve Jobs en tant qu'hippie), se référait à *Walden*, dans le Google Earth catalogue, la bible des hippies, ils essaient de vendre Thoreau… Cette question de la contre-culture américaine, ça m'intéressait. Pourquoi n'est-elle pas technophobe ? C'est quelque chose d'assez important, parce que notre contre-culture (française), même encore maintenant, si elle existe encore, est essentiellement technophobe. Il faut lire Tom Wolfe, dans *Acid Test* (1968), on voit que les hippies, quand ils partent dans la nature, ils partent avec des magnétophones, des caméras. Quand ils arrivent dans la forêt (ce n'est pas très *thoreauvien*, ça) ils commencent par installer des haut-parleurs, ils se défoncent – au bruit, à l'image, et au LSD. Et donc ça c'était assez intéressant. C'est aussi ça, la question de l'objet technique – pas sur un plateau mais dans la vie. Mais au-delà de ça, formellement, les deux spectacles sont très différents. Dans *Walden*, il y a le poids de la littérature, de la grande culture. Et donc une mémoire. Et donc le geste était, à travers toutes ces machines et les comédiens qui sont eux-mêmes des machines de mémoire, d'essayer de faire une espèce de truc cybernétique, à partir du texte et de la mémoire qu'on en a. Avec Jobs on n'a rien. On a la Californie. Il a dû lire deux livres… Je suis absolument hors de chez moi. Et donc ça fait un autre théâtre, de gags. La référence culturelle c'était Hollywood et le burlesque. Mais en même temps on ne s'est pas posé toutes ces questions…

JFB – On va revenir encore sur Steve Jobs, en suivant toujours ce fil conducteur de l'objet technique. Sur *Citizen Jobs*, tu as parlé tout à l'heure d'opéra, mais on peut aussi parler de performance, au sens anglo-saxon. Justement, Steve Jobs était lui-même un performer, puisque, à l'occasion de chacun de ses nouveaux produits, c'est lui qui faisait le show. Ils appelaient ça les *keynotes*, et même les *stevenotes*… C'était donc une performance. Alors est-ce que cet aspect-là, ça vous a intéressés, Jos et toi ?

JFP – Pas vraiment… Oui, c'était intéressant qu'il ait besoin de faire des shows comme ça pour lancer et vendre ses nouveaux produits. Ses shows ont une autre finalité que la nôtre… Lui, il fait ça pour vendre des objets techniques – et que ça marche devant des salles très chauffées… Il devait aimer ça, effectivement, ce rapport assez curieux à un public en chair et en os. Il ne s'en explique pas tellement, mais ça devait être des événements. Le lancement d'un produit, c'était un one man show.

JFB – Justement, *Citizen Jobs* commence comme un one man show, où le performer entre en scène et s'adresse au public. C'est uniquement par son verbe qu'il fait imaginer…

JFP – Oui « Imaginez vingt-six danseuses coréennes, des trapézistes, un grand opéra mis en scène par Bob Wilson, ou Peter Sellars, comme vous voulez »… Il faut qu'il donne à rêver au spectateur. Ça, c'est le premier travail du comédien, il n'a que des mots et son corps pour faire imaginer à des spectateurs des choses qu'ils ne voient pas. Puis, dans la seconde partie, au contraire, ils voient des trucs mais il n'y a plus de mots. On a fait tout le chemin, mais il n'y a jamais d'objets techniques dans l'affaire. Ça, c'était pour trouver une solution : comment raconter cette histoire-là… Maintenant, je ne pense pas qu'il y ait, chez Jos, une fascination pour la bête de scène supposée qu'aurait été Steve Jobs. On a visionné ses shows sur YouTube… Mais ça ne l'amusait pas beaucoup, il préfère faire du Houben. En même temps c'est réglé à la minute, c'est très bien fait du point de vue du marketing, mais c'est quand même insupportable. Et surtout la bêtise du public, qui rit à des conneries… J'espère que notre spectacle, même s'il touche moins de monde et qu'il fait moins d'argent, est quand même moins vulgaire…

JFB – Quand on regarde ces performances de Steve Jobs sur You-Tube, c'est assez frappant de voir qu'il est tout seul comme un grand échalas avec ses baskets ; il a un grand écran derrière et, vu de loin, quand il sort de sa poche le i-phone et qu'il le brandit devant le public, c'est un tout petit truc de rien du tout – c'est justement l'« objet technique » – et il le met en scène, avec quoi ? Une dramaturgie de pacotille. Il enchaîne toute une série d'adjectifs – « *gorgeous, unbelivable, fantastic, great, super cool* », etc. - que tu as réutilisée dans ton spectacle. Et on voit toutes ces fonctionnalités en grand sur l'écran vidéo, c'est assez ridicule…

JFP : C'est enfantin. C'est ce côté superlatif californien où tout doit être formidable. Même l'échec doit être une réussite. C'est une naïveté, et en même temps, derrière tout ça, il y a une dureté dans les rapports sociaux.

JFB – Un mensonge.

JFP – Un mensonge dans lequel il était pris lui-même. C'est ce que ses amis ont appelé le « principe de distorsion de la réalité ». Ce n'est pas simplement un manipulateur, c'est un fou. Il était pris dans son propre rêve, avec une espèce de sûreté de soi, et sans doute avec une personnalité qui avait du charisme… Tout cela fait effectivement un personnage intéressant – on peut en faire des films… Au bout d'un moment… Ce n'est pas Steve Jobs, le spectacle, c'est *Citizen Jobs* – le spectacle de la réalité – *Citizen Kane*, l'idée de « qu'est-ce que c'est que la réussite américaine ? ». Mais en même temps c'est collectif, c'est-à-dire qu'on est tous des « citizen Jobs » dans la mesure où on est pris dans un monde qu'il a un peu incarné. Pas à lui tout seul bien sûr. C'est ce milieu d'objets techniques qui sont connectés entre eux, avec lesquels on est connectés. Ça a changé la vie. Et peut-être le monde…

La scène, par-delà le bien et le mal…

JFB – Justement, à propos de « changer le monde »… Toi qui as vécu les années soixante, le marxisme, etc., où il était question de changer le monde, et qui en es revenu depuis longtemps, tu re-trouves un Steve Jobs qui a aussi un discours pour changer le monde, certes en un sens opposé à la « Révolution »…

JFP – Il emploie le mot « révolutionnaire »…

JFB – Toi, tu n'en es plus du tout là…

JFP – Je ne me compare pas… Il y a une différence de taille entre Steve Jobs et moi, indépendamment de la fortune qu'il a faite – c'est qu'il est Américain et pas moi… C'est quand même quelque chose d'assez fascinant, cette idée de la contre-culture, dont j'étais contem-porain. Steve Jobs a quand même dix ans de moins que moi… Bon, il a vécu moins longtemps, mais peut-être plus intensément, je ne sais pas… Et donc, il y a cette idée-là et, au fond, par rapport à des Européens pour qui le mot « révolution » est forcément marqué politiquement… Mais c'est une vraie question qui est posée quand même, c'est-à-dire que, si on m'avait dit quand j'avais vingt ans, « qu'est-ce que la révolution », « on va changer le monde », peut-être les rapports sociaux vont changer, etc., et la révolution à laquelle j'ai assisté, la révolution qui a fait passer d'une époque à une autre, c'est une révolution technique. Ça renvoie à la réflexion sur la tech-nique. Donc, c'est lié à autre chose – je ne voulais pas simplement me moquer de Steve Jobs. Et en plus, étant moi-même complice de Steve Jobs, parce que j'aime bien mon i-phone, mon Mac, j'aime bien pouvoir aller sur Internet, etc.... Sans tomber dans l'espèce de naïveté euphorique et ravie américain, ce qui s'est passé – la *Silicon Valley* etc. – ça vient quand même des militaires, cette révolution technologique qui n'est pas simplement « *peace and love* ». C'est lié quand même...

JFB – À des machines de guerre.

JFP – Oui, il ne faut pas oublier ça ; ce sont des machines de domination, et donc ça rejoint quand même la « révolution » et la question de la politique.

JFB – C'est une machine impérialiste.

JFP – Effectivement. Comme la technique. Ce n'est pas complètement disjoint. On ne peut pas simplement dire que la révolution à laquelle on pensait en costumes Mao dans les années soixante, ou en trotskystes qui finissent par faire de l'entrisme dans les syndicats, comme tu sais, bon, c'est un destin... mais il s'est quand même passé quelque chose ; il y a eu de l'Histoire, dans laquelle toutes ces révolutions technoscientifiques, depuis Hiroshima jusqu'à maintenant, c'est quand même assez intéressant. La façon dont chaque fois qu'un Américain invente quelque chose, il dit que ça « *change the world* ». Mais il y a un truc intéressant, quand Jobs fait son voyage en Inde pour voir Neem Karoli Baba, le gourou est mort avant qu'il arrive ; il est assez déçu, l'illumination intérieure ça ne marche pas – bien qu'il soit resté un peu bouddhiste jusqu'au bout – mais il découvre ce que c'est que l'innovation. Il dit « Thomas Edison a fait plus pour changer le monde que Karoli Baba et Karl Marx réunis ». C'est assez intéressant, de rêvasser là-dessus en fin de carrière, en fin de course, par rapport à cette époque... Evidemment, celui qui possède la technique possède aussi le monde.

JFB – Et le théâtre dans tout ça ? Le théâtre, ça fait longtemps qu'il ne révolutionne pas grand-chose... ça ne va pas te donner envie de revenir à une utopie de la révolution par le théâtre... En l'occurrence, si on veut parler de l'effet de tes spectacles sur le public – je ne parle pas de l'effet que font les performances de Steve Jobs sur le public...

JFP – Apparemment, ça ne leur fait pas grand-chose...

JFB – ça ne fait pas du tout la révolution... mais tu utilises cette révolution technique sur le plateau de théâtre...

JFP – Il y a une phrase de Primo Lévi que j'aime beaucoup. Quand il a son premier ordinateur, il dit qu'il a senti qu'on sonnait la diane dans la caserne. Il se passait quelque chose... Alors mon théâtre, je veux dire « le théâtre qu'on fait », essaie d'être contemporain de cette révolution qui a changé le dialogue interhumain. Dès lors qu'il y a du dialogue avec les machines, le théâtre étant spécialisé dans le dialogue (fictif) entre les humains, il faut rajouter des choses ; on peut se parler à distance. On peut maintenant communiquer avec les morts ! Il suffit de cliquer sur un bouton, on les voit apparaître... C'est effectivement un théâtre qui serait contemporain de l'objet technique, du numérique... Mais en même temps c'est dérisoire, comme me le rappelait Braunschweig avant-hier, si je touche six mille personnes à Paris, on ne va pas me donner la grande salle...

JFB – Tu avais décrit ce rapport à la technique dans ton journal, ce que tu avais appelé ta « *creative method* »...

JFP – Oui, cette « méthode » est contemporaine du fait que les machines sont venues manger la linéarité.

JFB – Tu vas me dire si je me trompe, mais là où il y a quelque chose d'un peu « révolutionnant » théâtralement, en lien étroit avec la technologie, c'est peut-être dans ta façon de considérer la scène comme une sorte de grand cerveau.

JFP – Je dirais ça, oui. Dans mes grands moments d'euphorie !

JFB – Ce n'est pas habituel au théâtre. C'est comme un cerveau, il y a de la mémoire, une façon de distordre les perceptions, d'utiliser la scène comme une machine à écrire...

JFP – Oui, ça m'a échappé en partie. Je pense que cette façon d'écrire de manière brisée, de faire des trucs multimédia et d'autres choses dans ce genre, effectivement, ça renverrait métaphoriquement – tu as employé ce mot, que je n'aurais pas osé employer, mais en effet, le cerveau fonctionne un peu comme ça maintenant. Il y a des montages nouveaux, des fonctionnements cérébraux nouveaux, sans doute, à cause de ces outils, de ces objets techniques qui cassent un peu la temporalité. Effectivement, je pense que l'objet de ma recherche était là – c'est une petite recherche – et non pas dans la « représentation », dans le « mimétisme ». Des façons de penser, de sentir, de formuler, de dire des mots, de reprendre des images. Le complexe Image/Son/Mots se redistribue, avec tous ces objets. C'est un peu ça mon travail. Et de proposer aux spectateurs d'être dans la complicité de ça. De se dire, ça paraît bizarre mais en fait c'est tous les jours comme ça, vous êtes dans un bistro, vous écoutez de la musique, vous êtes en train de lire un truc, branché sur internet, ou en train de communiquer avec quelqu'un qui est à l'autre bout de la planète… Donc, ce sont des fonctionnements neuronaux nouveaux.

JFB – On est en plein sur le sujet de l'objet technique, puisque ton dispositif théâtral est à l'opposé du schéma classique d'une relation acteurs-spectateurs à laquelle s'intéressent encore beaucoup de gens de théâtre aujourd'hui.

JFP – Ils essaient de sauver ça. Ils croient sauver la culture en faisant le geste ancestral d'exclure la technique de la culture. Simondon l'a très bien démontré. Il y a quelque chose qui résiste toujours à la technique, et on dit « c'est de l'humain ». Au contraire, à une certaine époque, avec la télévision, puis avec l'ordinateur, avec le temps réel, les connexions partout, on peut accueillir ça au théâtre. Il y a maintenant des artistes numériciens partout, mais au théâtre il y a toute une génération qui au contraire veut laisser l'objet technique à la porte, et être dans une espèce de fantasmagorie, d'immanence des consciences, du corps qui serait vraiment là, d'une métaphysique de la présence. Ces jeunes gens ont toujours vécu dans le milieu technique, donc ils essaient de s'inventer une sorte de milieu naturel qui serait purement « humain », mais ça n'a pas de sens. Ça les regarde…

JFB – Dans ta façon de concevoir l'ensemble plateau/public comme un grand dispositif cognitif – j'utilisais le mot « cerveau » parce que toi-même tu l'utilises souvent dans ton *Journal* – est-ce que je me trompe si je dis que c'est justement lié au fait que tu es un « littéraire » ? C'est comme une machine à écrire, une mémoire. Ce n'est pas au départ une fascination pour la technologie.

Lyn Thibault et son avatar, dans *Re : Walden*, spectacle de J.-F. Peyret (Festival d'Avignon, 2013). Crédit photo : M.-M. Maréchal.

JFP – Que je sois « littéraire », c'est une façon de dire que je ne suis rien. Je n'ai pas de compétence particulière, comme un chimiste peut avoir. Je suis autodidacte en fait. J'ai simplement lu des livres.

JFB – Je ne sais pas si j'ai bien formulé ma question…

JFP – Je crois que je comprends, mais il y a ce questionnement qu'a un littéraire, c'est-à-dire personne en fait, ou simplement quelqu'un qui maîtrise un langage, et donc qui prend aussi la mémoire de cette langue – de ces langues – c'est peut-être d'ailleurs pour ça qu'on est (éventuellement) plus ouvert à certaines choses. Mais il y a quand même toujours eu chez moi une fascination pour les machines. Avant, c'était plutôt des machines mécaniques : le moteur à explosion, ça m'a quand même séché, ces trucs qui volent… Je pense à Montaigne, souvent, s'il voyait passer un A380 dans le ciel, ça lui ferait un coup… La technique, c'est quand même quelque chose. Même si c'est notre destin tragique qui s'y dit, et qu'on finit toujours par tout bousiller. Mais ça me fascine, et les machines numériques, c'est quelque chose… En plus, je ne comprends pas très bien comment ça marche. Par exemple, là, il y a deux machines qui enregistrent ce qu'on est en train de dire. À quelle fin ? On ne sait pas trop… Un autre exemple, quand tu prends le métro, moi j'ai connu le métro quand on pouvait fumer. Tu voyais des gens allumer une cigarette. Maintenant, comme on ne peut plus fumer, on prend son truc. Ce n'est pas pour communiquer, c'est un masque. Sartre montre très bien que la cigarette est le dernier masque. D'une certaine manière, ces objets, il y a toute une espèce d'anthropologie qui va avec, dont la littérature peut s'emparer, ou le théâtre.

JFB – Le livre, c'est aussi une machine. Si on compare un livre à un i-pod, le livre c'est aussi un petit objet qui n'a l'air de rien, et pourtant, dans l'esprit de celui qui est en train de le lire, c'est une véritable machine à faire fonctionner de l'imaginaire, qui fait exploser le support matériel, l'espace, le temps… C'est en ça qu'un littéraire peut s'y retrouver naturellement, avec ces autres machines de virtualité…

JFP – Et c'est une machine formidable, tu n'as pas besoin de la recharger…

JFB – Le livre !

JFP – Oui. C'est une trouvaille.

JFB – On va finir notre périple en revenant à tes spectacles. J'aimerais savoir comment ont réagi les spectateurs à tes deux derniers spectacles.

JFP – Il y a eu une adhésion plus grande du public à *Re : Walden* qu'à *Citizen Jobs*. À Paris en tous cas. Ça tient aussi à des conditions de production, de communication. À la Colline, il y a eu différentes réactions. Il y a des gens, dans le public de « théâtre », qui refusaient complètement l'idée qu'il y ait des écrans d'ordinateur (faisant un mur entre eux et le plateau). Ils avaient l'impression qu'on était encore en répétition, et qu'on avait oublié d'enlever la régie… Il y en a qui ont écrit pour se plaindre : « ce n'est pas du théâtre ! Remboursez ! ». Et donc, pour certains, cette formidable présence de l'objet technique – et de ses effets – était attentatoire à l'essence du théâtre telle qu'ils se la représentent.

JFB – Ils auraient dû s'y retrouver avec *Citizen Jobs*…

JFP – Oui mais ce n'étaient pas les mêmes. Au Cent-quatre, il n'y avait pas de com, c'est un public qui attendait autre chose… Donc, pour *Re : Walden*, il y a eu cette réaction, « ce n'est pas du théâtre », et puis d'autres étaient des fanatiques de Thoreau, qui venaient dire « Ce n'est pas du Thoreau ! Il n'aimait pas les machines ; qu'est-ce que c'est que cette histoire ? ». D'un autre côté, il y a quelque chose qui a marché, à mon avis, c'est la séduction de la forme. Tu parlais tout à l'heure de la beauté. Certains étaient assez ébahis, il y avait tous ces écrans, mais en même temps il y avait la nature. Il y avait quelque chose, je trouve, assez réussi dans ce spectacle. Et puis, à Avignon, il y avait la fraîcheur des acteurs, on sentait la fragilité de la mémoire. À la Colline, après vingt représentations, c'était plus compliqué. Parce que *Re : Walden*, c'est plus une performance qu'un spectacle de théâtre au sens classique.

Citizen Jobs est à l'autre bout du spectre théâtral. C'est fait avec les moyens du bord, autour d'un comédien. Sauf que c'est un comédien connu, les gens l'ont vu dans *L'art du rire* ; alors là ils se disaient : « c'est quoi ? C'est compliqué, qu'est-ce qu'il nous raconte ?... », donc ils étaient déçus. Certains de mon public se disaient « qu'est-ce que c'est que ce truc sans technique ? Steve Jobs, c'est sans intérêt... », donc c'était plus contradictoire. À Paris, ça n'a pas vraiment bien marché...

JFB – Il n'y a pas eu un troisième type de spectateurs, des fans de Steve Jobs, comme tu as eu des fans de Thoreau dans *Re : Walden* ?

JFP – Il y a eu sur internet des fans de Apple qui étaient furieux ; ils disaient « ça ne parle pas assez de Jobs, qu'est-ce que c'est que cette cabane ?... ». Et à côté de ça, certains soirs il y a eu un tout petit groupe de fanatiques qui a trouvé ça subtil, etc. La réception en Suisse (au théâtre de Vidy Lausanne) a été différente. Déjà parce qu'ils n'ont pas le même rapport à la langue anglaise (que le public français). Le fait que le spectacle était bilingue, ça ne les gênait pas. Et puis les types qui réussissent, ça ne les gêne pas ; les *success stories* ça leur plaît. Et peut-être aussi qu'à Vidy le spectacle était plus réussi... Quand on faisait des rencontres autour du spectacle, les gens restaient longtemps à discuter. Ils avaient plus écouté que le public blasé de Paris... On a fait Verdun la semaine dernière et là, ça été un triomphe... Les gens étaient très contents. Jos était très en forme. Ce spectacle est une performance. C'est un petit truc. C'est un spectacle pour montrer la virtuosité d'un comédien qui ne part qu'avec des mots et qui n'arrive qu'avec des objets. Il faut aimer le théâtre, un peu, pour voir ça et ne pas s'intéresser à Steve Jobs… C'est effectivement un théâtre où il y a beaucoup d'objets, mais qui ne sont pas des *objets numériques*…

Ingénieur de formation, Jean-François Ballays est auteur et chercheur, docteur en études théâtrales à Paris 3 Sorbonne Nouvelle. Sa thèse s'intitulait « Disparition de l'homme et machinerie humaine sur la scène contemporaine ». Il a par ailleurs publié des recueils de poèmes, des nouvelles, plusieurs essais, et est également scénariste de courts métrages.

DE *WIKIPEDIA* À *YOUTUBE* : UNE DRAMATURGIE DIGITALE ?
ENTRETIEN AVEC BARBARA MATIJEVIĆ ET GIUSEPPE CHICO

Propos recueillis par Julie Valero

Barbara Matijević et Giuseppe Chico, respectivement danseuse et comédien, forment le duo Premier Stratagème depuis 2008. L'année suivante, ils présentent leur première pièce I am 1984, *conférence-performance dans laquelle Barbara Matijević porte la parole de BM, jeune femme ayant grandi en ex-Yougoslavie. C'est cette enfance que BM déroule sous nos yeux – elle exécute au fur et à mesure de sa performance un dessin à main levée sur un grand tableau noir ou blanc – à partir d'une date, 1984, et d'un événement, les JO de Los Angeles, vus, vécus à travers l'écran de son moniteur tv. Entre récit de soi et histoire culturelle (il sera question de* Star Wars, *des premiers jeux vidéos, des mondes virtuels, etc.), BM déplie ainsi une fiction dont la dramaturgie relève d'une réflexion approfondie sur les enjeux de la construction identitaire à l'ère numérique. Avec* Forecasting, *spectacle crée en 2011, l'écriture scénique semble plus s'orienter vers le geste et l'image : toujours seule en scène, Barbara Matijević manipule un ordinateur portable sur l'écran duquel défilent des images, à l'échelle réelle, extraites de sites d'hébergement de vidéos type You Tube. L'ordinateur se fait alors partie du corps de la performeuse, tantôt main, tantôt visage, ou accessoire de jeu : livre, pistolet, etc. Mais imaginant cette performance corporelle et vidéo, le duo continue pourtant de tisser une réflexion sur l'individu connecté : que montrons-nous de nous-mêmes à travers ces vidéos personnelles ? Comment se construit notre relation aux autres et au réel à travers ces procédés d'exhibition de soi ?* I've never done this before, *en 2015, confirme leur intérêt pour ce matériau dramaturgique qu'est le tutoriel, format roi du réseau You Tube, puisque Barbara Matijević y présente, dans une suite de séquences indépendantes les unes des autres, des objets rêvés, imaginés et construits par des internautes bricoleurs. Façon, encore et toujours, d'interroger la re-présentation de soi à l'ère du numérique189.*

Julie Valero – Barbara, Giuseppe, avant de commencer à évoquer deux de vos dernières créations scéniques – *Forecasting* et *I've never done this before* – pourriez-vous nous parler de vos parcours professionnels respectifs et du travail que vous faites ensemble, depuis que vous avez créé le duo Premier stratagème ? Comment *Forecasting* est-il arrivé dans votre parcours ?

Barbara Matijević – En ce qui concerne mon parcours, je suis diplômée en lettres et en langues et, en parallèle, j'ai fait de la danse contemporaine. Et j'ai fait ça de manière professionnelle pendant une dizaine d'années avant de basculer plus vers la parole, l'écriture et le théâtre. Nous nous sommes rencontrés pendant une création de Joris Lacoste, qui s'appelait *Purgatoire* (2007) : nous avons commencé à travailler ensemble, avec l'envie de nous intéresser particulièrement aux nouvelles écritures pour le théâtre. Une méthodologie de travail liée à la recherche sur Internet, et donc à l'ordinateur, s'est très vite imposée avec des questions du type : comment investir ce champ qu'est le réseau ? Que faire avec ces informations et comment utiliser le mode de recherche sur Internet comme source d'une écriture théâtrale ? De là est né *I am 1984* où, pour la première fois, j'avais autant de texte sur scène et que, pourtant, je n'ai pas vécu comme une rupture par rapport à mon histoire de danseuse et de chorégraphe. Parce que, non seulement je parle de la danse dans cette pièce, mais aussi parce qu'il s'agissait d'une pièce extrêmement écrite - peut-être plus écrite que tout ce que j'avais fait en danse jusque-là – et que tous mes déplacements sur scène se faisaient en fonction du dessin que j'exécutais et de ce récit que j'étais en train de faire.

Giuseppe Chico – Moi, je suis comédien de formation. J'ai commencé à travailler quand j'avais dix ans. Après j'ai eu une longue

---

189. Depuis la rédaction de cet entretien, le duo a créé un nouveau spectacle, *Our daily performance* (Rencontres chorégraphiques de Seine St Denis, 2018), qui s'inscrit encore dans ces recherches autour du tutoriel.

interruption durant laquelle j'ai été joueur de basket-ball professionnel, entre autres, puis je suis revenu au théâtre par le biais de la scénographie. Peu à peu, j'ai monté un collectif d'artistes plasticiens ; on ramassait toutes sortes de déchets sur des sites et on faisait un gros événement qui prenait la forme d'un totem recyclé, le tout assorti de fêtes païennes. C'était l'époque où il y avait pas mal de groupes qui travaillaient comme ça et notamment aux alentours de Santarcangelo di Romagna – où a lieu le Festival de Santarcangelo, un des plus importants en Italie. Et grâce à ce collectif, on est vite entrés en contact avec un théâtre de la région qui nous a mandatés pour suivre des projets européens, faire de l'assistanat... Et en entrant dans ce théâtre, j'ai repris des cours d'acteurs et j'ai appris à être dans un théâtre en tant qu'acteur : parole, texte, etc. Plutôt vite, j'ai été désabusé, il y avait quelque chose qui me manquait ; la rencontre avec la danse a alors été vitale et féconde, non pas seulement comme forme esthétique mais comme training, comme vocabulaire de travail aussi. Je me suis formée auprès de Mark Tompkins, que j'avais rencontré en Italie puis suivi en France, et qui a eu la gentillesse de s'occuper un peu de moi alors même qu'il m'avait fait comprendre que je ne pourrai jamais rentrer dans sa compagnie [*rires*] mais « Quand même on t'adore, donc tu peux rester chez nous !», a-t-il dit. Puis, à Paris, toujours grâce à lui, j'ai perfectionné ma formation et de fil en aiguille, j'ai travaillé, j'ai continué ma pratique d'improvisation grâce à la danse et, grâce à la danse, j'ai aussi ouvert cette petite porte qui donnait sur les arts plastiques, donc par là, je suis aussi revenu à la passion que j'avais pour l'objet et la plasticité.

J'ai travaillé en tant que danseur mais j'ai été rapidement désabusé car j'étais essentiellement utilisé par les compagnies parce que, justement, je savais utiliser la parole. J'ai commencé aussi à maîtriser davantage la langue française et plutôt vite donc, je suis revenu au théâtre, en tant qu'acteur. C'est à ce moment-là que j'ai rencontré Joris [Lacoste], on a fait des petites choses ensemble et c'est donc grâce à Joris que j'ai rencontré Barbara dans le spectacle dont il a été question avant, *Purgatoire*, qui était joué à la Colline. Donc, *Purgatoire*, 2007 et : qu'est-ce qu'on fait maintenant ? Eh bien, on fait un spectacle. Et quel spectacle ? Naturellement, il a été question de récit et de narration, de fiction. Contrairement à ce que dit Barbara, pour moi ce n'était pas du tout clair de suite l'ambition de « nouvelles écritures théâtrales ». À l'époque, on est tombés amoureux d'un artiste performer plasticien – donc rien à faire avec le théâtre, rien à faire avec la danse – Eric Duyckaerts[190]. Et on a donc investi le régime de parole qui était celui que proposait Duyckaerts, celui de la conférence ; il nous a semblé que c'était une façon pertinente de poursuivre nos parcours, nos recherches..

BM - Oui mais ce régime de parole là, on ne l'avait pas au début de notre travail. Pour moi, on a d'abord travaillé sur le contenu, l'écriture, des choses qui nous intéressaient. On a passé pas mal de temps, d'un côté à chercher sur Internet des faits liés à cette année-là, 1984, et de l'autre à se demander pourquoi on en était là où on était, pourquoi on faisait ce qu'on faisait ; surtout moi : « Pourquoi je fais ce que je fais aujourd'hui ? Comment ça a commencé ? » On a retracé mon enfance, tout ça, et cela commençait à faire deux récits en parallèle, biographiques et après, faussement biographiques, et une sorte de contexte beaucoup plus global à cette petite histoire de l'ex-Yougoslavie vue du point de vue d'une petite fille. Mais on ne savait pas du tout quoi faire avec ce texte, quelle forme lui donner, est-ce qu'il y avait un intérêt théâtral à tout ça, est-ce que c'était plutôt une nouvelle, etc. ? C'est là que je pointe du doigt la question de l'écriture, parce qu'il n'y avait pas de forme préétablie, à un moment on l'a même travaillé comme un dialogue, peut-être est-on tous les deux sur scène et c'est une forme de questions-réponses : mais ça ne marchait pas du tout ! On a fini par se dire qu'il n'y avait aucune nécessité à ce que quelqu'un me pose des questions et qu'il fallait dire ce texte frontalement, comme ça, comme le fait Eric Duyckaerts. Et dès qu'on a pensé à lui, tout s'est mis à sa place…

JV - Vous voulez dire que cela a agi comme une sorte de modèle pour la dramaturgie et cela vous a permis de mettre en place la suite du travail… ?

BM - Oui, mais ce n'était pas le point de départ, ce n'était pas faire quelque chose *comme* Eric Duyckaerts. Le modèle de la conférence est vraiment venu à la fin, on était à un mois de la première et je me souviens que je me disais : « Aaaahhh, mais qu'est-ce qu'on fait ???!!!! ».

---

190. Artiste belge, Eric Duyckaerts a en fait participé, entre autres avec Jacques Delculleverie et Francine Landrain, à la création du Groupov dans les années 80. Il est à l'origine de nombreuses performances prenant la forme de la conférence (cf. http://www.eric-duyckaerts.com/)

JV - Et par rapport à vos fonctions respectives, il s'est trouvé rapidement que toi, Barbara, tu étais plutôt sur le plateau, et toi, Giuseppe, plutôt hors du plateau ? Tu as dit plusieurs fois, Giuseppe, que tu te « saoulais » ou que tu saturais vis-à-vis du métier de comédien…

GC - Oui, je saturais, parce que je travaillais dans des contextes ou avec des dispositifs qui ne me satisfaisaient pas. La répartition des rôles s'est faite dans le travail, sur cette proposition-là, *I am 1984*. On pensait vraiment être deux sur le plateau et quand on s'est rendus compte que ma position, plus que la sienne, était redondante, je suis sorti, elle est restée seule sur le plateau et disons que cet acte a été l'acte primordial qui a posé les bases de notre collaboration. On continue aujourd'hui à travailler suivant ce mode-là : on est ensemble dans la préparation, on est ensemble dans l'écriture et, à un certain moment il y a un *split*, ce qui fait que vers la fin, c'est plutôt moi qui prend les décisions scéniques et elle, qui essaie de travailler une certaine intériorité à partir des souvenirs et de la mémoire du travail.

JV - Donc vous êtes plutôt dans un format traditionnel d'interprète au plateau et de metteur en scène dans la salle…

BM - Oui, ceci dit, le travail de plateau ne se fait… presque pas ! C'est-à-dire la « mise en scène », par exemple sur ce dernier projet[191] est très pragmatique : « pour pouvoir passer à la scène suivante, il faut que tu prennes l'objet qui est là, il faut que tu finisses la scène d'avant, en étant plus à cour, parce que c'est là que sera l'objet. Et puis on a besoin que la fréquence soit plus forte, donc il faut que tu te déplaces, etc. » La mise en scène se fait donc par rapport à la fonctionnalité des objets. Le texte est de toute façon écrit avant ; sur *I've never done this before*, j'ai pas mal improvisé sur la mémoire de tout ce qu'on s'est dit, de tout ce qu'on a écrit avant. Mais la mise en scène se fait vraiment par rapport aux nécessités d'utilisation des objets ; alors évidemment avant tout cela, on a réfléchi à la nature de ces objets et à la fiction que l'on peut déployer autour d'eux. C'est juste pour préciser que, quand tu dis qu'il y a un travail assez « traditionnel » de mise en scène au plateau, c'est en fait très très court dans le temps de la création. On peut même dire qu'elle se développe plutôt au cours des représentations, c'est-à-dire que, plus on joue, plus on travaille ces aspects-là. Mais, au départ, ce

---

191. Elle évoque *I've never done this before*, créé en 2015.

n'est pas du tout une chose à laquelle on consacre beaucoup de temps, par manque de temps justement, le plus souvent.

JV - Pourrait-on aborder, plus en détails, les étapes de travail avec ces objets ? Y a-t-il une méthodologie de travail qui s'est imposée d'un spectacle à l'autre ? Tu parles de « manque de temps », et c'est justement un des points qui me semblent toujours sensibles dans le travail scénique avec la technologie : comment le format des productions s'adapte-t-il ou pas à ces processus de création là, comment prend-on en compte le développement technologique d'objets spécifiques, le temps d'expérimentation avec ces objets-là, etc. ? Quelles sont les grandes étapes de travail d'une création comme *Forecasting*, par exemple ?

GC - À cet égard, *Forecasting* et *I've never done this before* sont en fait très différents. Pour *Forecasting*, à un moment, l'objet « ordinateur » s'est imposé ; à un moment, s'est imposée la forme. Tout le travail fait en amont a été en partie évacué, grâce à ce moment « alpha » qui était le fait d'avoir repéré dans l'objet « ordinateur », et dans l'interaction avec lui, la forme idéale. Tout ce qui s'est fait après ce moment était juste de la recherche de vidéos possibles ; donc le travail qui a suivi était sélectif, c'est-à-dire repérer les vidéos adéquates en fonction de critères prédéfinis (la taille de l'image, sa définition, la possibilité d'un hors-champ, ce qui y était dit, la possibilité de découper ou pas). À partir de là, disons que c'est plutôt moi qui ai pris en charge le travail de recherche et de montage de ces vidéos.

BM - Et même avant cela, la catégorisation des vidéos s'est imposée car il fallait organiser tout ce matériau : « Ah oui, ça c'est intéressant mais où est-ce que je le place ? À côté de quelle autre vidéo ? » Et là il y avait effectivement tout un travail visuel, sémantique, vraiment toute une culture visuelle qu'il fallait appliquer à ce vaste terrain qu'est You Tube : comment organiser tout ça ? Sur quels paramètres choisis-tu tel ou tel extrait et où est-ce que tu le places par rapport à tout ce que tu as sélectionné avant ? *Forecasting* nous a ainsi pris énormément de temps. Cela paraît simple dit comme ça : on cherche, puis après on catégorise, mais en fait c'était très long. Car, ce n'est pas évident de faire de la dramaturgie avec une matière que tu ne maîtrises pas.

GC - Oui, tu ne la maîtrises pas parce qu'une fois que tu as chargé la vidéo et que tu cliques sur play, tu ne peux pas « manipuler » cette matière, tu ne peux pas ! On ne peut pas créer *ex nihilo* cette matière. C'est une matière déjà trouvée, sur laquelle on ne peut pas intervenir. Bien sûr, je peux faire quelques ajustements mais l'idée était vraiment de ne pas trop dénaturer.

JV - C'est un procédé que vous réemployez dans *I've never done this before* : travailler à partir de matériau existant et le prendre tel quel, à l'état brut…

BM - Oui, mais on était aussi beaucoup plus souples, parce qu'on pouvait prendre tel ou tel passage et retravailler le texte ; ce n'était pas du *reenactement* ni du *ready made*. Alors que dans *Forecasting*, la dramaturgie était contrainte par le matériau. Tu te dis : « Ah ce serait génial après tel passage d'avoir une vidéo qui parle de tel sujet, ou qui met en scène tel objet », mais là, tu ne la trouves pas forcément. Et puis, comment la cherches-tu, cette vidéo-là précisément ?

GC - Oui, ça c'était un aspect important des critères de sélection : comment tu abordes les vidéos ? Et donc plutôt vite, ce qui était le moteur de la dramaturgie, c'était le corps de Barbara : comment le faire bouger derrière ces images ? Comment compléter le corps de Barbara à travers ces images ? Et encore, l'un de mes regrets réside dans la contrainte de l'objet choisi : l'ordinateur, sa maniabilité. À l'époque, on a fait le spectacle avec un ordinateur qui pesait deux fois et demi plus que ce que pèse un ordinateur aujourd'hui. J'aimerais faire une suite à *Forecasting*, parce que déjà avec un ordinateur plus récent, plus léger ce serait une autre chose. Déjà pour elle ce serait différent, elle le manierait différemment.

BM - Oui, on avait parfois des vidéos qui fonctionnaient très bien d'un point de vue dramaturgique mais qui nécessitaient que je fasse des choses impossibles avec une main. Giuseppe y arrivait, par exemple, simplement parce que la surface de sa main est beaucoup plus grande ! Et moi je n'y arrivais pas. Et donc là, vraiment, l'objet constituait une contrainte : c'était trop lourd, trop…

JV - Pour revenir sur la genèse du spectacle : l'objet a-t-il toujours été présent ?

BM - Oui l'objet était là dès le départ.

GC - Ce n'est pas si évident… Il ne faut pas demander aux artistes la genèse de leurs projets !

BM - Oui ! Mais une fois qu'on s'est dit « on veut travailler sur les vidéos de You Tube », on ne s'est jamais posé la question d'un autre objet ou d'un autre type de diffusion de l'image.

GC - Oui, mais il y avait d'abord You Tube. Dans *I am 1984*, on avait travaillé sur Wikipedia. Là, on choisissait un autre moteur de recherches : comment travailler à partir de celui-ci ? On avait envisagé la projection, on voulait même accompagner le spectateur dans une sorte de navigation subjective. On imaginait Barbara dos au public, faisant sa propre navigation ; la dramaturgie aurait surgi de cette navigation. Le projet était intéressant sur le papier mais, à un moment donné, soit on l'a mal développé, soit je ne sais pas… - c'est pour ça qu'il ne faut pas demander la genèse aux artistes, parce qu'on mélange toujours nos souvenirs ! Mais, en gros, à un moment donné, Barbara est passée derrière l'ordinateur par hasard, et l'image a surgi… On a dit « stop ! ».

BM - D'ailleurs, on n'y a pas cru nous-mêmes car il y avait une première version du spectacle où il y avait un peu ce jeu-là, mais interrompu régulièrement par quelque chose de l'ordre, à nouveau, de la

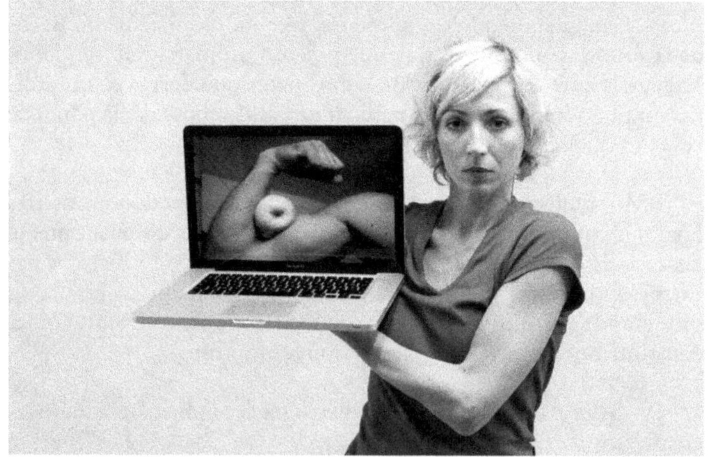

B. Matijević, dans *Forecasting*, G. Chico et B. Matijevi´c, 2011. Crédit photo : Yelena Remetin

conférence. Et on a eu des retours comme quoi ces intrusions n'étaient pas du tout nécessaires, que dès qu'il y avait l'image, l'attention se focalisait entièrement dessus. Et là, on a commencé à y croire, à se dire qu'il serait possible de tenir tout un spectacle comme ça, juste sur cet objet-là et moi. Et c'est ce qu'on a fait, mais c'était très progressif. Il a fallu s'accoutumer à l'idée que cela ne pourrait être « que » ça.

JV - Du coup, la démarche est d'abord dramaturgique, puis l'objet surgit. Est-ce la même chose avec *I've never done this before* ?

GC - Oui. Suite à *Forecasting* et au travail d'indexation et de catégories plus ou moins factuelles, on a estimé qu'il y avait tout un autre univers que nous n'avions pas mis en scène et qui ne pouvait pas l'être en raison de la contrainte de l'objet « ordinateur », et notamment à cause du fait que cet objet ne représentait en fait qu'un petit pixel sur un grand plateau qui ne pouvait ni relater, ni donner à voir le hors-champ. Ce que l'on a fait avec *I've never done this before*, c'est faire surgir ce hors-champ, parce que finalement dans *Forecasting* ce qui est mis en avant c'est le détail, c'est un objet derrière lequel on peut un tout petit peu imaginer l'univers de l'internaute, mais seulement par une posture, par la parole de Barbara qui complète ce qui est dit par la vidéo, c'est-à-dire par l'utilisateur. Avec *I've never done this before*, on s'intéresse au hors-champ, on agrandit, on fait un zoom arrière, on donne à voir l'utilisateur avec son corps entier, dans un univers adéquat. Bien sûr, on ne va pas recréer, à chaque fois, le décor exact de la vidéo, parce que cela nous aurait coûté beaucoup plus cher, mais les éléments essentiels sont là : une intention, un objet, une interaction avec un objet… Et ce qui nous intéressait c'était la fiction sous-jacente, un mode de parole qui est un mode de parole actuel : « Cet objet-là, je l'ai construit de cette manière-là, d'ailleurs ça n'a pas été facile de construire ça, maintenant je vous montre ce que j'ai construit. Alors, ça je l'ai mis là, ça, ça coûte moins cher, attention, une chose c'est d'acheter en France, une autre en Chine… Je vous conseille donc de l'acheter en Chine, bon il faut attendre trois semaines pour la livraison, etc. ». Mais c'est aussi le défi d'une parole technique, une parole qu'au bout d'un moment, par une écoute prolongée, on a fini par considérer comme une parole poétique. C'est-à-dire juste par la répétition, par la succession, par l'insistance, j'avais l'impression d'entendre une parole qu'en littérature on pourrait qualifier de factuelle, une parole qui s'affiche dans une certaine littéralité, qui est dépourvue d'images métaphoriques mais qui par sa construction même – la répétition, l'insistance sur certains éléments – fait surgir autre chose, fait surgir une fiction notamment.

JV - Pouvez-vous décrire un peu le dispositif dramaturgique du spectacle puisqu'il y a deux paroles, celle que tu portes Barbara, la parole brute des bricoleurs auxquels vous vous êtes intéressés, cette parole factuelle dont tu parles, Giuseppe, et en contrepoint il y a un texte projeté : comment s'est écrite la partition scénique, comment s'est construit ce partage entre deux types de parole ?

BM - En fait, les deux textes sont écrits par nous. La question qui se posait était la suivante : comment incarner la parole de tous ces gens-là ? Pour moi, il était évident que je n'allais pas « jouer » des personnages, que je n'allais pas reproduire exactement leurs paroles, leur accent, leurs inflexions, à la manière d'une encyclopédie de la parole, par exemple. C'était évident que ce qui nous intéressait c'étaient certains aspects de leur discours mais cela ne nous intéressait pas de les reproduire avec un respect total de cette parole-là. Après, on s'est rendu compte que même des choses qui nous fascinaient dans leur discours, par exemple ces litanies techniques sur l'objet, pour lesquelles on se disait « mais ça c'est déjà fort en soi, il faut le prendre tel quel », résistaient au contexte théâtral. Le contexte que nous avions créé, avec les objets, tout ça, n'était pas adapté à supporter une telle parole ; ça manquait de rythme, l'attention se dispersait rapidement, ça proposait une dynamique qui semblait contraire à la dynamique de succession des scènes… Donc on a cherché comment leur rendre justice, à tous ces gens-là, et on s'est rendu compte que ce n'était pas simplement en prenant leur parole et en la mettant au théâtre. Il fallait passer par une sorte de sublimation de tout ça. Mais comment ? Ce qui nous intéressait aussi, c'était de mettre en scène notre propre regard sur ce qu'on a vu, mais on a rapidement compris que quand on mélangeait les deux ensemble cela donnait quelque chose de très artificiel, qui se faisait entendre non plus comme personnage réel mais comme une écriture d'auteur. On n'avait pas l'impression que cela fonctionnait, donc on s'est demandé ce qui se passerait si on les séparait : d'un côté la mise en scène de notre regard, de l'autre cette parole qui est pure action, pure description. Une fois qu'on les a séparés cela a commencé à être d'une part plus complexe mais d'autre part, plus juste !

La parole des personnages s'est construite par rapport à ce que, eux, disaient, mais aussi une fois un « univers » identifié, on pouvait aller piocher la parole de plusieurs personnes travaillant dans ce même univers, ainsi que certains des commentaires inscrits sous la vidéo. Donc l'écriture s'est composée vraiment de tous ces éléments-là, c'était un vrai travail d'écriture. Le texte projeté est entièrement de nous, et pour le coup ne se base pas sur des emprunts ou des réécritures.

GC - Cela constitue d'ailleurs un de mes regrets : notre travail n'est pas reconnu comme un travail d'écriture.

BM - Alors que c'est la base de notre travail ! On passe tout notre temps à écrire, et écrire, et écrire ! Ecrire, jeter, revisiter, réétablir quelque chose qu'on a mis de côté, le compléter avec un autre élément, etc. On ne fait que ça !

GC - Parce que j'ai l'impression que c'est vu comme quelque chose de linéaire, de naturel, alors que derrière ce naturel, il y a toute une artificialité, mais c'est comme si l'objet technique masquait tout ce patient travail d'écriture…

JV - Ce que vous ressentez recoupe aussi une problématique plus large de hiérarchisation de l'écrit dans le champ théâtral, particulièrement en France : quand bien même ce sont les écritures scéniques qui s'imposent aujourd'hui comme esthétique dominante, au sein des programmations culturelles, c'est encore le livre publié qui reste garant d'une certaine qualité, c'est-à-dire de la valeur de l'écrit. Et pourtant, il me semble qu'en ce qui concerne le rapport aux médias, l'inventivité dramaturgique n'est pas toujours du côté des seuls auteurs dramatiques. Le point de vue que vous apportez, en confrontant, dès les premières étapes du processus de travail, l'écriture à sa mise en visibilité, est intéressant tant au niveau dramaturgique, par la structure que vous faites émerger – ces deux voix qui se donnent à entendre et à lire – qu'au niveau critique : en « rendant justice » à ces internautes comme tu l'as dit, tout à l'heure Barbara, vous pointez toutefois du doigt l'aspect vertigineux de leurs recherches, de leurs bricolages et des discours qui les accompagnent.

Je voudrais à présent évoquer les aspects scénographiques de votre travail. Avec *Forecasting* la scénographie s'incarnait entièrement dans la relation entre l'objet ordinateur et le corps de Barbara ; le reste de l'espace scénique n'était finalement pas « traité » et ne semblait pas le nécessitait. *I've never done this before*, en impliquant un rapport différent aux objets, repose la question de la scénographie : concrètement, que faire de ces objets techniques sur un plateau ? Imposent-ils une certaine occupation de l'espace ?

GC - On était évidemment conscients que certains objets avaient un coefficient de spectacularité plus grand que d'autres mais le critère principal de sélection des objets restait la fiction sous-jacente à cet objet. Inutile de préciser que, virtuellement, il y a deux, trois versions possibles de *I've never done this before* ! On a mis autant de séquences de coté que ce que l'on en a gardées, et ce pour toutes sortes de raisons : difficulté de construction de l'objet, contrainte pour la diffusion en tournée, incohérence du passage d'une scène à l'autre, etc. Mais d'ailleurs certaines séquences, comme l'homme à la multi-caméras, ne sont pas évidentes : on pourrait légitimement penser que l'intérêt de cette séquence serait dans le fait d'éprouver soi-même ce dispositif, et pas de regarder quelqu'un le faire à sa place. D'ailleurs, nous envisageons un *spin-off* du spectacle fondé sur cette séquence-là justement.

Ce que l'on essaie de mettre en avant, c'est ce va-et-vient entre un aperçu de ce que pourrait éprouver le spectateur en ayant un casque et une manière de raconter cette expérience, une manière de faire sienne cette parole. On est sous le casque, comme Barbara, et on parle comme Barbara : quelle est la perception que l'on aurait de cette parole ? Voilà ce qui motive cette scène. Finalement, eux, ils sont à la première et à la troisième personne : troisième personne, parce qu'il y a un corps, donc il y a une distance, mais grâce à la projection sur grand écran on peut signifier et reprendre le corps de Barbara à la première personne, donc on peut avoir ses mains tendues vers l'extérieur, prendre des objets, et se balader dans le noir. Disons qu'il y a une « illusion » de cette expérience.

BM - Dans le choix des objets, il y avait aussi un fil rouge qui s'est dessiné au fur et à mesure, dont on n'a pas été conscient dès le départ, mais assez rapidement on s'est dit : « ah, attends, ça, ça sort de l'algorithme. Pourquoi ? » Pourquoi certains objets étaient spontanément mis de côté ? Parce qu'ils n'avaient plus un lien fort avec le corps. L'objet qui nous intéressait c'était l'objet qui pouvait être manipulé par mon corps, soit fonctionnant comme une extension du corps, soit incarnant le fantasme d'un corps différent – comme la queue – soit agissant comme une stigmatisation bizarre du corps humain, comme la plaie. Donc quand on a compris que cette ligne se dessinait, certains objets, certaines scènes ou environnements étaient écartés, parce qu'ils n'appartenaient pas à cette dimension très incorporée.

JV - Tu évoques là l'objet en tant que prothèse (la queue, la bouche, etc.) ; si tu devais définir plus précisément ces objets, parlerais-tu plutôt d'outil ou d'instrument, par exemple ? Quelle(s) relation(s) entretiens-tu avec eux ?

BM - Dès le départ, la question du rapport aux objets était la suivante : « Qu'est-ce que tu peux faire sur scène avec ces objets ? » S'il s'agit juste de le présenter, que tu ne peux évoluer avec cet objet, et qu'il n'évolue pas avec toi, cela ne nous intéressait pas. On a vite écarté par exemple l'idée de bidouiller les objets sur scène, car cela prenait trop de temps : on ne peut pas rester 30 minutes à me regarder souder des fils. Et puis, pour avoir l'air naturel de quelqu'un qui soude en parlant en même temps, cela m'aurait pris du temps. Et puis il fallait nous voir au début : « Je peux prendre ça ? », « Non, ne touche pas à ça ! », « Attention, là, tu es là, sur la fréquence machin ! », « Attends, attends ! Il faut d'abord qu'on débranche ça ! ».

B. Matijevi´c, dans *I've never done this before*, G. Chico et B. Matijevi´c, 2015. Crédit photo : Jonas Maes. Creative Commons 3 BY-SA

JV - Donc tu avais quand même une corporalité très retreinte ?

BM - Oui c'était très contraignant ! Quand j'ai le casque sur la tête par exemple, je n'y vois rien mais il faut aussi que je pense que, là, il y a la caméra, là, des LED hyper fragiles, sur lesquelles il ne faut absolument pas marcher. Donc la notion d'espace avec ces objets là au début me limitait énormément. La connaissance de la fragilité de certains objets, la contrainte des champs magnétiques, des fréquences et tout ça rendaient difficile l'évolution dans l'espace. En fait, tout se faisait en fonction des objets. Si je ne fabriquais pas l'objet sur le plateau et si je n'interagissais pas avec lui, cet objet ne présentait aucun intérêt pour le spectacle. Si c'était juste pour faire « Ta-da ! », il n'y avait aucun intérêt.

GC - Rétrospectivement, *Forecasting* serait très différent aujourd'hui, vis-à-vis des contraintes de l'objet, de sa maniabilité. Aujourd'hui, en juin 2016, ce serait encore autre chose étant donné que Macinstosh a sorti l'i-pad pro. On quitte l'objet *laptop*, qui est en deux dimensions, qui a un clavier et tout, pour la surface pure. Et tu peux imaginer la potentialité que dégage cette surface à elle seule, qui ne pèse que 800g ! On pourrait plus exploiter la profondeur de l'espace scénique, des va-et-vient, des mouvements beaucoup plus rapides, des choses où le corps serait beaucoup plus engagé sur le sol, dans le saut…

BM - On a rêvé d'un truc comme ça au moment où on faisait *Forecasting*, mais ça n'existait pas ! L'objet n'existait pas encore ; après, on s'est dit on va le construire, on va faire un écran portatif, etc. Mais on a compris qu'il ne s'agissait pas pour nous de concevoir un objet qui n'existait pas mais bel et bien d'utiliser l'objet que tout le monde a à la maison, que tout le monde connaît : c'est ça qui nous intéresse.

GC - Construire un i-pad pro avant même que celui-ci soit rentré dans l'imaginaire aurait posé problème… [*sourires*]

BM - Cela aurait été un objet spécial, un objet créé pour le théâtre. Et on ne voulait pas faire ça.

GC - On travaille avec l'imaginaire existant.

BM - Oui, on travaille pour que les gens se disent, comme nous l'a confié un jour un spectateur de *Forecasting* : « Je suis rentré chez moi, j'ai regardé mon mac, et je ne l'avais jamais vu comme ça ! ». Ce qui nous intéressait c'était de faire changer le point de vue sur cet objet familier. Et surtout pas jouer avec un objet « spécial », exotique, théâtral, conçu pour une pièce.

GC - Il s'agit de travailler avec des objets de notre histoire personnelle et commune.

JV - Justement, avez-vous le sentiment de travailler dans le sens d'un détournement des objets techniques de notre quotidien ?

GC - Par exemple, ce jeu de chausser l'image comme un gant, évidemment que cela avait déjà été fait. Plutôt avec des écrans télé en général et avec l'image de celui qu'on allait voir sur le plateau, c'est-à-dire l'acteur ; donc cela reste dans l'ici et maintenant du théâtre. Mais la télévision était aussi définie par son histoire de média, dans ces cas-là. Nous, on a essayé de faire un *update* de ce *topic*, et cela a donné : *laptop* + you tube. You tube est venu car c'est un peu l'imaginaire en creux du *laptop*. L'imaginaire en creux de la télévision serait sans doute une émission ou un film. Le Wooster Group a beaucoup joué avec ces choses-là, même s'ils ne « chaussaient » pas tout à fait les images des films qu'ils diffusent.

C'est d'ailleurs une mauvaise lecture que font certains programmateurs : ils considèrent *Forecasting* comme quelque chose qui a été déjà fait. C'était ce que je ressentais dans la question : « Vous avez vous-même tourné les images ? ». Ce serait évidemment impossible de tourner une telle quantité d'images et, surtout, ce n'était pas le propos ! Ce qu'on voulait mettre en évidence c'était bien l'imaginaire véhiculé par l'objet même. Et l'imaginaire vidéo du *laptop*, c'est You Tube ! Et il n'y a pas une seule image enregistrée par nous…

Alors, oui, évidemment, dès le premier instant on détourne. Dès le premier instant du spectacle, on détourne, puisqu'il y a les images d'un tutoriel qui explique comment dévisser son propre Mac book pro. Il y a un Mac book ouvert devant vous, et on vous montre des images d'un Mac book en train d'être dévissé : dans un monde normal, cela apparaît comme un régime de parole assez limpide, non ?

JV - Cela pose une autre question, à laquelle se confrontent souvent les artistes qui travaillent avec la technologie, qui est celle de la mise en visibilité des processus à l'œuvre ; c'est-à-dire qu'est-ce qui est compris par le spectateur de manière directe ? Qu'est-ce qui doit être compris ? Qu'est-ce qui n'a pas besoin de l'être ?

BM - Nous au début, on voulait que ce soit dans une transparence totale, que tout soit compris, expliqué. Mais quand tu commences à expliquer quelque chose, tu n'en finis jamais et c'est un peu comme si cette explication devenait une sorte de nuage qui obscurcissait la visibilité du spectacle. Donc cela avait une fonction complètement à l'opposé de ce que l'on voulait faire.

GC - Oui c'est un leurre l'explication du dispositif. À vouloir trop expliquer, on part ailleurs, et on arrive de l'autre côté en quelque sorte, on sur-fictionnalise…

JV - Donc, même si les malentendus peuvent être frustrants, vous semblez avoir délaissé la démarche d'explication mais cela ne signifie-t-il pas que la dramaturgie doit se suffire à elle-même ?

BM - Oui, ça c'est le plus important : que la dramaturgie se suffise à elle-même. Après, au mieux, tu peux avoir des spectateurs qui ont envie d'approfondir, et qui soit viennent nous poser des questions sur le fonctionnement des objets, du dispositif, etc., soit font des recherches chez eux. Sur l'aspect technique – qu'est-ce qui est possible, qu'est-ce qui ne l'est pas, comment ça fonctionne, etc. – on laisse donc une certaine autonomie au spectateur, car c'est tout à fait possible aujourd'hui avec quelques recherches de comprendre ce genre de choses.

GC - On ne travaille pas sur la performance de l'objet donc il n'y a pas forcément une grande nécessité à ce que le spectateur comprenne comment celui-ci fonctionne. Ce n'est pas ce que l'on met en avant. L'originalité du spectacle ne va pas résider par exemple dans un capteur qui éclaire les danseurs selon… leurs battements cardiaques par exemple. C'est une chose complètement invisible, que je ne suis pas censé savoir et même si tu l'explicites, que tu le rends visible, d'accord, mais quelle différence y a-t-il fondamentalement ? Entre ça ou une intervention externe, c'est-à-dire en régie, qu'est-ce qui se joue ? On ne travaille pas là-dessus tout simplement.

BM - C'est-à-dire que l'on n'a quand même pas mal travaillé sur l'idée d'établir des savoirs communs avec les spectateurs ; on partirait des mêmes savoirs, des mêmes présupposés et après on évoluerait ensemble pendant le spectacle. Mais on s'est vite rendu compte que c'était impossible. Déjà au niveau d'une sorte de culture passive ou active, même de You Tube en tant que tel : il y a des gens qui y passent des heures et des heures par jour, il y a des gens qui ne le consultent qu'une fois par semaine... C'est donc frustrant quand on nous dit après le spectacle : « Mais ces vidéos-là que vous avez faites, où les avez-vous trouvées ? » C'est donc qu'ils ne voient pas le travail de sublimation qu'on a fait car on ne trouve pas des vidéos comme ça sur You Tube ! Mais ce type de réactions est inévitable...

GC - On ne veut pas qu'ils arrivent à décortiquer tous nos outils mais dans *I've never done this before* par exemple, on part toujours d'un degré zéro pour qu'une chose soit comprise et vraisemblable. On ne part pas avec un niveau de fiction très haut...

BM - Oui, donc ce savoir commun dont je te parlais tout à l'heure, il faut qu'il se construise au fur et à mesure avec les éléments du spectacle. On ne peut pas se reposer sur un savoir commun préalable. Même si on n'est pas geek, même si on ne passe pas des heures sur You Tube, même si l'objet technique ne nous intéresse pas, même si on n'a pas une énorme culture d'Internet et des nouveaux médias, il faut qu'il y ait des éléments dramaturgiques qui permettent de rentrer dans le spectacle. Et après, cela repose sur des dynamiques théâtrales d'attention, de focalisation, d'adresse, de jeu, de gestion du temps, etc.

JV - Justement, dans *Forecasting* par exemple, l'ordinateur est-il un obstacle à ta relation avec le public ?

BM - Les choses se sont faites par étapes. D'abord il y a eu ce sentiment très frustrant d'être hyper limitée, d'être au service d'un objet, d'une vidéo, d'un temps qui n'était pas « organique » à l'acteur – c'est-à-dire que cela m'imposait des temps qui n'étaient pas mes temps à moi – de devoir être pareille chaque soir, de ne pas pouvoir prendre un peu plus de temps ce soir-là, parce qu'il fallait respecter des temps préétablis, automatisés, préenregistrés ; il y avait une sorte de « play » qui était lancé depuis la régie et c'est moi qui m'adaptais à ça. Puis ce que j'ai pu expérimenter, au fil des représentations, parfois dans un même lieu où l'on jouait trois, quatre fois, voire dans la même soirée, où l'on jouait deux fois, c'est que c'était pourtant à chaque fois des représentations avec une « aura », ou disons un surplus performatif différent. Et ce surplus reposait sur plein d'autres paramètres qui n'étaient pas affectés par cette temporalité imposée, mais par des choses comme des tonalités de voix, d'adresse, des énergies corporelles. Parce que, en fait, de quoi s'agit-il ? D'être au bon endroit, au bon moment pour coller avec l'image ; mais la performance est évidemment composée de beaucoup d'autres paramètres qui, eux, sont modulés dans chaque représentation. Et finalement cette structure extrêmement précise et inamovible était une chose sur laquelle je pouvais me reposer les soirs où j'étais fatiguée, où je me sentais moins inspirée, sur laquelle je pouvais compter pour pouvoir être plus libre sur d'autres plans. Donc au bout d'un moment, la contrainte devenait libératrice.

JV - Quelle(s) relation(s) le spectateur établit-il avec l'objet que tu manipules ? Comment la perçois-tu ?

BM - J'ai tout un jeu avec l'ordinateur, durant lequel je me cache parfois derrière lui, j'y cache mon visage, parfois je vois ce qui est sur l'écran, parfois je ne le vois pas du tout ; je me repère beaucoup grâce aux sons des vidéos mais je ne les vois pas. Je suis très consciente pendant le spectacle que je compose l'image et le spectacle avec ce support-là. L'ordinateur tout seul ou moi toute seule, il n'y a pas de spectacle : il faut qu'on soit ensemble et on compose ce que le spectateur voit, ensemble. C'est-à-dire que je suis responsable jusqu'à un certain point des réactions du spectateur, mais pas totalement, car le relais, en quelque sorte, est pris par l'ordinateur, et ensemble, on fait rire ! Par exemple, dans la séquence de la personne qui lèche les pieds d'une femme, je suis juste allongée derrière l'ordinateur et je ne fais rien, mais c'est mon corps associé à l'image qui provoque la réaction d'hilarité.

JV - Peut-on dire que c'est à la fois un instrument et un partenaire de jeu ?

BM - Oui, mais il y a aussi, comment dire, une sorte d'usage de soi au service du spectacle qui est volontairement objectivisé, et il y a une dépersonnalisation qui, finalement, est assez agréable ! Le spectacle n'est pas que la personne, il y a une sorte de désacralisation de l'idée de performer ou d'acteur comme source unique de l'acte performatif. C'est difficile à accepter au début ; il y a pas mal de problème d'ego qui résiste à ça, mais finalement on peut aussi se reposer sur cette chose là. C'est très différent de *I am 1984* où il n'y avait que le texte et moi : un texte de 50 minutes, on saute et on voit ce qui se passe ! C'était une formation autodidacte, en quelques mois.

JV - Dirais-tu que c'est précisément dans ta formation de danseuse que tu vas puiser pour trouver un rapport à ces objets ?

BM - Effectivement, ce que j'ai appris par la danse, c'est que le corps peut apprendre, et qu'il n'y a quasiment rien que le corps ne puisse pas apprendre. Si tu t'appliques, le corps est une matière très malléable ; moi qui n'avais aucune prédisposition pour la danse, avec du travail, tu apprends. Tu prends conscience de tes habitudes, et tu apprends. Dans ce sens-là, je n'ai pas « peur ». Dans toutes nos pièces, au niveau des savoirs corporels, c'était à chaque fois des choses que je n'avais jamais faites avant, mais je les ai apprises. Y compris, là, avec *I've never done this before*, chaque objet recouvrait un savoir spécifique : comment bouger dans le noir, avec une chose sur la tête, avec des points de vue qui changent ? Comment parler et faire en même temps la « mise en scène » technique d'un objet ? Comment retenir l'attention du spectateur sur une chose alors que j'en prépare une autre derrière ?

GC - Après il y a des façons d'appréhender l'objet qui sont spécifiques à *Forecasting* et à *I've never done this before*. Dans *Forecasting*, c'est très postural, avec une imagination d'un en-dehors de soi, de quelque chose de beaucoup plus grand, de plus spatial ; dans *I've never done this before*, on appréhende l'objet par la parole. Ce même objet est introduit et il est maniable parce que Barbara est en train de parler de cet objet, parce qu'elle est en train de nommer certaines choses. C'est seulement comme ça que l'on peut saisir l'objet ; sans la parole, ces objets prendraient une allure abstraite. C'est parce qu'elle parle, qu'il y a objet.

BM - C'est ce qui nous intéressait vis-à-vis des objets qui composent *I've never done this before* : le côté « adressé ». « Je vous présente quelque chose que j'ai fait », et en même temps, on voit bien les résidus dans la manière de parler et de s'adresser, d'un temps très solitaire, passé avec cet objet-là ; ça va de quelque chose de très adressé à quelque chose de beaucoup plus intérieur et c'est un régime de parole qui est très loin de cette expérience que j'ai eue avec la conférence, où c'était très adressé tout du long, sans variation de régime. Là, parler d'un objet que tu as fait, s'adresser à la fois au monde entier mais en étant tout seul, c'est très intéressant : cette adresse directe qui ne l'est pas vraiment, c'est quelque chose que j'aimerais encore explorer.

Brèves réflexions phénoménologiques sur la liaison entre technologie et scène

Philippe Boisnard

L'essence de la technique, telle que l'a analysée Heidegger, n'est pas de l'ordre de l'objet, de l'instrument, mais de l'ordre d'une histoire de la vérité qui conditionne le destin de l'Occident, de l'ordre d'une intentionnalité ontologiquement constituée du rapport de la conscience au monde : s'approprier les choses pour les mettre à disposition et les utiliser. L'essence de la technique est le dévoilement d'une destination de notre être, à savoir de notre manière de nous penser qui a pris son essor depuis l'émergence de l'homme, depuis son apparition en tant qu'*homo faber* (Bergson).

Se questionner sur l'objet technique en liaison à la scène et au spectacle vivant n'est pas seulement faire un inventaire des pratiques ; ce n'est pas seulement examiner les différentes postures ou emplois des objets et technologies, mais bel et bien réfléchir à cet enjeu sous-jacent de notre liaison à une logique technique.

Comprendre cet enjeu c'est percevoir quelles intentionnalités sont projetées dans les pratiques. Il ne s'agit pas de percevoir d'abord notre liaison à la technique en tant qu'instrument, mais en quel sens l'émergence de technologies du numérique agit et détermine certains types de représentation chez les créateurs au niveau de la scène.

Les nouvelles technologies du numérique n'en sont plus. Plus de quarante ans qu'elles sont utilisées, et les évolutions de l'informatique, de l'électronique ont accéléré toutes ces pratiques depuis le début du XXIe siècle, soit déjà dix-huit ans. Ce qui du point de vue du processus de l'évolution des technologies, qui n'est pas linéaire mais logarithmique, représente un temps assez conséquent.

Les technologies du numérique du fait de leur démocratisation, de la production de techniques prêtes à l'emploi, ont non seulement investi toute notre vie au point que nous confondions souvent celle-ci avec la réalité de leur production ou de leur service, mais ont produit en plus une mutation de la perception esthétique. L'image de synthèse, les jeux électroniques ont investi les espaces culturels, qu'ils soient portables comme les smartphones, ou qu'ils soient artistiques : concerts, cinéma, spectacles.

La première intentionnalité qui semble pouvoir être visualisée, est celle qui, moderniste, se tient fascinée par les prouesses de la technique. En quelque sorte, nous nous tenons dans un futurisme du XXIe siècle, si nous reprenions les termes même du manifeste futuriste. Mais ce n'est plus l'homme électrique qui est poursuivi, ou encore dans sa version kinok de Vertov, l'homme à la caméra, c'est bien plutôt *l'homme digital*. Ce qui doit être représenté n'est plus de l'ordre de l'intensité de la lumière de la ville, mais de l'intensité du flux numérique. Et ici, on retrouve la même logique de production que les peintres futuristes, par exemple Russolo ou Bala. Ce que l'on va montrer est une sorte de représentation plus ou moins métaphorique d'une esthétique de la machine.

Ce n'est pas pour rien que l'on voit naître sur la scène nombre de représentations qui se concentre d'abord et avant tout sur le noir et le blanc, les formes géométriques primaires (polygones, sphères, cubes). Toutes ces productions, comme celles de Adrien M & Claire B, Antoine Schmitt, Ikéda, etc., sont prises, pour la plupart inconsciemment, dans une forme de vertige métaphorique de la modernité. Si les prouesses peuvent être réelles, comme chez chdh (Nicolas Montgermont et Cyrille Henry), elles restent la plupart du temps des productions minimalistes, qui sont dans une *tautologie métaphorique* entre l'œuvre et la technique. Dans une telle logique, nous sommes dans un inconscient de la projection technique sur la conscience. La représentation métaphorique digitale repose sur un impensé, un manque de recul. Ceci provoque irréductiblement une forme de classicisme immédiat : un air de déjà-vu. Il y a une grande différence entre le cinéma abstrait d'un Richter et son *Rythme 21*, ou de Ferdinand Léger, et l'abstrait spectaculaire digital. Le premier faisait une proposition de rupture avec la représentation et la captation du monde au niveau cinématographique. Il déplaçait l'intentionnalité première issue de la photographie et de la chronophotographie mais aussi de la figuration et de la narration, pour articuler un monde interrogeant le statut de la mimésis, prolongeant les intuitions de l'art abstrait et du surréalisme. Le dernier au contraire reproduit le premier degré de conception de la logique digitale : 0/1, noir/blanc, *on/off*. Il est évident que ces prouesses esthétiques, voire de programmation, peuvent aussi avoir une force et en ont dans certaines œuvres. Mais elles restent la matérialisation métaphorique de ce que produit le digital sur la conscience. La plupart de ces productions ne formulent aucune question sur la relation de l'homme à son médium, ni non plus sur le rapport de l'homme au monde (politique, sociologique, etc). En quelque sorte, ces œuvres se situeraient dans une forme neutralisée d'un processus esthétique à vide de la métaphore digitale. Sans s'en rendre compte, elles se placent dans le dogmatisme *entertainment* de la fascination techno-esthétique comme processus de captation du spectateur. Souvent, face à ces productions, on a envie de dire : « et alors ? ».

L'autre écueil pour une part de la fascination tient à la réduction de l'approche esthétique au principe de vérité ou de performativité technologique : à savoir le fait que ce qui prévaut est de l'ordre de la vérité technique ou scientifique, et que ce qu'il s'agit de montrer est un résultat technique et performatif. Cet écueil se perçoit souvent dans la volonté de certaines créations d'être les premières à utiliser une technique qui vient de se démocratiser. Et nous l'avons tous rencontré : vouloir utiliser une technique parce qu'elle était nouvelle, montrer au sens égotique notre performance à la maîtrise. Nous pourrions même refaire en quelque sorte une histoire de l'art du XXᵉ siècle dans cette relation causale : nouveauté/expérimentation.

Un médium survient, l'art se l'approprie selon le principe de son surgissement. Ici il est à noter alors que la technique, en tant qu'objet, possède un fort pouvoir affectuel, et qu'elle impacte la conscience humaine qui va alors l'expérimenter tous azimuts. Inversion du rapport : ce n'est pas la volonté qui choisit, mais c'est la stimulation de la nouveauté technique qui produit la volonté et le désir. Toutefois une vérité scientifique ou technique n'est pas *a priori* une réalité artistique. Bien au contraire, cela peut devenir démonstratif, être maladroit. Dès le début des années 1990, on peut percevoir cela avec par exemple Atau Tanaka. L'approche qu'il adopte recherche certes une dimension esthétique, mais est avant tout centrée sur la recherche technologique de la relation entre mouvement de danse et capteurs électromyogrammes. Ce qui prévaut dans sa démarche est de l'ordre de l'effet de vérité technique, de recherche et d'expérimentation technologique, et non pas immédiatement artistique. Nous sommes là face à une démarche de laboratoire, d'expérience. La fascination pour la nouveauté peut se voir actuellement avec l'usage des robots ou des lasers. Beaucoup en sont au simple effet de démonstration, même si en effet, un spectacle comme *Robot* de Blanca Li (2013) dépasse le simple usage technique, pour en arriver à une osmose entre danse et robotique, avec les 7 NAO programmés et les machines musicales de Maywa Denki ; ou bien *Mortal engine* de Chunky move (2008) dépasse les simples prouesses technologiques de *mapping* sur le corps pour créer une chorégraphie fascinante.

Ce qui nous intéresse ici n'est donc ni la réduction de l'usage de l'objet à son esthétique métaphorique, ni sa réduction à sa monstration en tant qu'objet performant nouveau. Mais bien plutôt, au sens de Heidegger, la démarche intentionnelle qui se pose en retrait, en recul par rapport à ces différentes pratiques. L'usage d'une technique dans les arts semble exiger une forme de délai pour que la *fascination accaparante* se dégonfle et puisse apparaître alors une réflexion sur l'usage. J'appelle cette approche de la création artistique : *esthético-cognitive*.

L'usage de la technique demande dès lors une forme de critique, à savoir une mise en perspective de ses potentialités, de ses errances, de ses *process* et de ses stratégies. Vuk Cosic, l'un des pionniers du Net.art en a tracé la voie : en créant une œuvre web qui interroge l'au-delà de l'interface, il permet à l'expérimentateur internaute de comprendre, tout en étant dans l'appareillage technique, ce qui se joue comme illusionnisme du code, de saisir les processus d'aliénation qui peuvent être en jeu et qu'il pourrait subir. Plus que de simples jeux formels, il a mis en évidence des processus intentionnels de captation de la conscience humaine, selon une logique esthético-cognitive. En ce sens, il nous paraît nécessaire de saisir de quelle manière, certaines pratiques ne font pas qu'un emploi impensé de la technologie, mais bien plus la pose à la fois comme objet d'usage et objet d'une réflexivité sur elle-même et en liaison au monde dans un processus esthétique.

Dès que nous avons commencé avec Hortense Gauthier à travailler sous le nom HP Process[192], notre constant souci a été d'interroger

___

192. Voir : http://databaz.org/hp-process/

l'intentionnalité de la représentation de l'homme et de sa constitution en tant qu'être sensible dans des dispositifs technologiques. Avec *Bod code project*, réalisé en 2007, nous cherchions à comprendre et résoudre l'équation de l'enfermement du corps dans la production des images médiatiques institutionnelles ou personnelles, les deux états étant dialectiquement liés. Hortense Gauthier était prise dans le cadre de la caméra et évoluait dans une réalité augmentée de laquelle elle devait se défaire. Derrière les processus purement techno-scéniques, ce que l'on interrogeait était la constitution du corps féminin dans le cadre esthétique-commercial. La fin de cette performance, qui était l'explosion du cadre graphique par sa nudité et le *noise* de sa voix, tentait de montrer une forme de résistance du corps à toute captation médiatique.

Certes dans ces expériences, je m'en souviens à l'époque, nous étions fascinés par l'interactivité. Wii tout d'abord que j'avais totalement hackée, démontée, ressoudée, puis Kinect, capteurs d'interface-Z, etc. Nous étions dans l'expérimentation, avec une part de fascination. Mais restait que le fond d'une création critique était là, mise en perspective et dominante.

Ce n'est plus dès lors la question de l'usage qui importe mais de la mise en scène de l'effet des technologies sur l'homme. Et pour y arriver l'usage de l'objet est nécessaire. C'est parce que c'est l'essence de la technique qui est mise en lumière et critiquée, qu'il est nécessaire de créer à partir de ses compétences et de ses performances. Il y a deux niveaux dès lors qui se constituent : l'esthétique immédiate du spectacle ou de la performance et d'autre part la boucle réflexive sur la nature et l'efficacité de la technologie montrée.

Deux créations pour le théâtre sur lesquelles j'ai travaillées m'ont ainsi beaucoup intéressés : d'une part *Identifiant Lucille Calmel,* créé par Lucille Calmel pour le Théâtre Paris Villette (2011), et d'autre part *L'argent,* mis en scène par Anne Théron à partir du texte de Christophe Tarkos[193] avec notamment Stanislas Nordey (2012).

Lucille Calmel, lorsqu'elle fait sa création a déjà passé plus de dix ans sur les réseaux sociaux, à forger son identifiant au gré des *chats*, des listes de diffusion, etc. Elle sait ce qu'a été cette fascination première avec l'arrivée en 2000 de l'ADSL, de passer sa journée allongée à discuter, à répondre, à vitupérer, à se créer des amants virtuels pouvant devenir réels. Sa création de 2012 est une forme d'interrogation,

---

193. Al Dante, Romainville, 1999.

de recul par rapport aux transformations psychiques, cognitives, affectives qui ont eu lieu.

La mise en scène la place au centre d'une petite pièce, les spectateurs assis le long d'un mur, et elle explore, refait des chemins et des schémas de ce qu'est cet identifiant. Pour cette création, nous voulions la dégager le plus possible de tout usage intensif de capteurs. Nous avions fait beaucoup de tests en résidence, inventer pas mal de processus que nous avons rejetés, aidés en cela par les très bons conseils de Thierry Coduys. Déjà en 2012, nous étions dans une critique de la performativité de l'usage intensif des technologies. Nous avons gardé seulement un Kinect, qui lui permettait d'explorer l'espace de la pièce comme un cerveau, son cerveau digital. Ainsi dans le volume vide, il y avait des boîtes virtuelles invisibles, qu'elle pouvait toucher. Chaque zone déclenchant alors des lectures de mails, ou des apparitions de textes au mur. L'univers très rouge de cette création, très sanguin, l'immergeait dans la boîte crânienne. Cette performance tout en utilisant un objet technologique récent (le Kinect est sorti en novembre 2011), ne se focalisait ni sur lui, ni sur son usage, mais était une médiation pertinente pour son expérience de réactivation de ce que fut son existence digitale pendant dix ans, face au public. Comme pour *Bod code project*, *Identifiant Lucille Calmel* était de l'ordre d'une déconstruction critique de la liaison entre l'usage d'une technologie (mail, *mailing list, chat*, etc.) et la conscience d'une femme qui en faisait l'expérience.

Dans *L'Argent*, la mise en scène d'Anne Théron permet bien de saisir ce qui est en jeu. Stanislas Nordey dit le texte de Tarkos, sur une scène, qui ressemble à l'avancée d'une scène de concert, le public autour. Englobant le tout : 48 mètres d'écran mappé. Ce qu'énonce le texte de Tarkos, c'est une forme de critique de l'économie liée à la vitesse, aux affects. Les écrans projettent des représentations économiques, certaines prises en temps réel sur le web. Ce dispositif contenant le public et la scène est ce qui est visé par le texte. Un rapport dialectique se joue dès lors. Tout d'abord, Stanislas Nordey utilise un micro pour dire le texte. Cet objet, loin d'être utilisé comme amplificateur, ce qu'il est de fait, a été utilisé en tant que symbole de la harangue politique et publicitaire. Sur la scène en L, au milieu du public, Nordey ressemble à un présentateur TV. Ensuite, le *mapping* intégral du tour de la scène qui englobe les spectateurs, se constitue comme la boîte de l'économie mondialisée et généralisée qui a investi tous les champs de la vie humaine. Ce dispositif scénique, exigeant une scène particulière, insistait sur le rapport et l'effet de miroir, entre Nordey et le *mapping* – le public pris au milieu. Ce qui était visé, tenait à la mise en lumière critique du monde économique dans lequel l'homme était pris, et en quel sens il se donnait selon une forme cybernétique, statistique, etc...

Rompre avec la fascination permet aussi de saisir les nouvelles causalités à l'œuvre dans une technique. Je l'ai analysé, à de nombreuses reprises, dans mes manifestes PAN (Poésie action numérique). La question des nouvelles causalités demande de sortir des schémas conventionnels qui relient les objets. Par exemple il est évident que mettre un capteur infrarouge, type Kinect, et amener à bouger un contenu d'image, ouvre un peu la question de nouvelles causalités. Au sens où, si en effet il y a une incarnation télékinétique, le rapport entre le geste et l'image est *a priori* évident. D'un point de vue causal, il est bien plus intéressant d'interroger l'interaction entre deux médiums – le corps et le son – comme a pu le faire Tanaka dès le début des années 1990, ou Tom Mays dans les années 2000.

Celui qui a eu l'intuition assez tôt historiquement de ces nouvelles causalités textuelles est Jacques Donguy. Dès le milieu des années 1980, sa performance poétique rompt avec le primat de l'auteur. Jacques Donguy face aux spectateurs suit le rythme de la dictée d'un poème généré par son Atari. Ce poème n'est pas dans une mimétique du langage naturel, comme l'explorait déjà Jean-Pierre Balpe, ni conditionné par une intentionnalité psychologique, comme on peut le retrouver chez Philippe Bootz, mais il est un agglomérat de termes scientifiques, techniques, astronomiques, récoltés par la machine. Le corps humain devient le répétiteur tant linguistique que rythmique du *process* informatique.

Armando Menicacci avec *Under-score*, créé en 2006, pose bien cette ouverture aux nouvelles causalités déterminant le processus corporel. *Under-score* est une pièce chorégraphique en temps réel, où les danseurs doivent suivre la chorégraphie (liée à une syntaxe et une symbolique visuelle projetée sur des écrans qui les entourent) qui est générée par le logiciel. L'écriture ne préexiste pas, elle n'est pas non plus liée à un chorégraphe, mais elle est le résultat d'une interprétation improvisée dictée par le logiciel. Le corps du danseur doit se plier à la rythmique de la génération, faute de quoi il s'immobilise. Bien avant *Just Dance*, le jeu vidéo qui pose le joueur comme répétiteur de la chorégraphie, Armando Menicacci interroge les postures, les synchronicités entre stimulation visuelle et interprétation. Ce qui ressort avec cette création, c'est le surgissement de la résistance du corps humain, sa liberté face à la consigne. Une forme de mise en évidence cybernétique et de ses limites a lieu.

C'est une même démarche que fait Hauke Lanz en 2009 quand il met en scène *Les névroses sexuelles de nos parents* de Lukas Bärfuss[194]. Après avoir réalisé la forme théâtrale classique, en liaison avec x-réseau dirigé par Agnès de Cayeux[195], il propose une création où ce sont les internautes qui envoient les consignes aux acteurs. Là aussi, de nouvelles causalités se créent. Ces nouvelles causalités interrogent la matérialité même de la création, et ici du théâtre. Le texte ne préexiste pas, il est seulement choisi dans le flux envoyé par Hauke Lanz. Emmanuel Guez, écrivant sur ce projet lors de son approfondissement à Villeneuve-lez-Avignon dans une résidence Sonde, commente : il y a là « une dimension spectaculaire semblable à celle que l'on retrouve dans les télé-réalités ».

Avec *Contact*, Hortense Gauthier et moi-même, avons voulu dans la dernière version présentée au Cube lors de l'événement « Chercher le texte » (2014), interroger de même l'intentionnalité de ces causalités d'écriture. Un homme et une femme, de dos pour le public, sont en *chat*. Le public ou les internautes, en temps réel, peuvent écrire dans le dispositif. L'homme et la femme, alors rebondissent sur ce qui est écrit. Ce qui était visé dans *Contact*, était de l'ordre de la mise en question de la vie virtuelle, de ce toucher immatériel et à la fois sensoriel de la réalité de nos vies digitales. En introduisant le public au cœur du dispositif, cela l'impliquait, l'amenait à se comprendre dans une logique voyeuriste/interactive.

Ainsi, à la suite de ces brèves indications, nous pouvons comprendre toute l'ambiguïté qui a lieu dans l'usage des technologies digitales ou électroniques sur scène. S'il est évident qu'il y a une double fascination : esthético-métaphorique d'une part et d'autre part d'efficacité performative, reste que la technique n'étant pas neutre, mais étant un processus d'appropriation de l'homme, c'est dans les créations qui interrogent le médium comme intentionnalité époquale, que semble se jouer les avancées les plus intéressantes.

---

194. L'Arche, Paris, 2006.

195. x-réseau était un programme de recherche et d'expérimentation artistiques, soutenu et développé par le Théâtre Paris-Villette de 2006 à 2012. Cette « scène artistique et technologique dédiée aux arts vivants en réseau » constituait un dispositif d'accompagnement (technologique et dramaturgique) pour les projets scéniques en lien avec le réseau. Il était dirigé par Agnès de Cayeux.

Philippe Boisnard est artiste numérique et écrivain, directeur artistique de DATABAZ. Son travail interroge depuis de nombreuses années la constitution de l'homme à travers la matérialité des codes et des représentations liées à la dimension aussi bien politique, que sociale ou économique. Il crée des installations ou des performances tant seul, tel *phAUTOmaton* ou *Réalité fragmentaire*, qu'en association avec d'autres créateurs, tels Hortense Gauthier avec qui il forme le duo hp process, et Arnaud Courcelle, Jacques Donguy, Rémi Checchetto.

Son travail est présenté lors d'expositions et de festivals internationaux : Bibliothèque nationale de France (Cherchez le texte) ; Nuit Européenne des musées France-Russie (Vladivostock, Irkoutsk, Rostov sur le Don, Rybinsk, Samara, Paris – Société des gens de lettres), SAT (Montréal), Eastern Block (Canada), festival Gigital Choc (instituts français de Tokyo et Kyoto), Convention dure data (Sao Paulo – Brésil) ; Festival Epaf (Varsovie, Pologne), Live action festival (Göttborg), Festival FIMAV (Victoriaville – Canada), Experimenta (Grenoble), Festival Les bains numériques (Enghien-les-bains), Mapping Festival (Genève, Suisse), etc.

Il fait par ailleurs, en parallèle de la publication d'articles ou de livres, de nombreuses conférences en France et à l'étranger.

L'OBJET TECHNIQUE EN SCÈNE

Julia Gros de Gasquet
(Université Paris 3 – Sorbonne Nouvelle)
Julie Valero (Université Grenoble-Alpes)

Julia Gros de Gasquet est maîtresse de conférences HDR à l'Institut d'Etudes Théâtrales de Paris3-Sorbonne Nouvelle et membre du LIRA (Laboratoire international de recherche en arts, EA 7343).
Universitaire et comédienne, Julia Gros de Gasquet est maîtresse de conférences HDR à l'Institut d'Etudes Théâtrales de la Sorbonne Nouvelle (Paris3). Comme comédienne, elle s'est formée à l'ENSATT à Lyon et au GITIS à Moscou. Au cinéma, elle a été dirigée par Eugène Green dans *Le Pont des Arts* et dans *Le Fils de Joseph* (2016). Aux éditions Champion, elle a publié *En disant l'alexandrin, l'acteur tragique et son art, 17ᵉ siècle-20ᵉ siècle* (2006). En 2019, elle publie deux ouvrages qu'elle a co-dirigés : *La Voix du public, manifestations sonores des spectateurs et spectatrices aux 17ᵉ et 18ᵉ siècles*, avec Sarah Nancy aux Presses universitaires de Rennes et *Scènes baroques contemporaines* avec Céline Candiard aux Presses Universitaires de Lyon. Elle publie également une synthèse de ses travaux pour l'HDR dans la livraison de janvier 2019 de *La Revue d'Histoire du théâtre* sous le titre « Pour une histoire de l'art de l'acteur : perspectives et propositions ». Elle est la directrice artistique du Festival de la Correspondance de Grignan depuis 2015.

Julie Valero est maîtresse de conférences en Arts de la scène à l'Université Grenoble-Alpes, membre de l'UMR Litt&Arts (EA 7355) et dramaturge. Elle est l'autrice de *Le Théâtre au jour le jour,*

Journaux et carnets personnels de D.-G. Gabily, J.-L. Lagarce et J.-F. Peyret (Paris : L'Harmattan, 2013). Ses travaux portent essentiellement sur les processus de création, notamment au sein des productions scéniques faisant appel aux nouveaux médias (« Fabriquer un théâtre technologique : l'évolution de l'organisation collective du travail au sein de la compagnie tf2-Jean-François Peyret », *Ligeia*, n°137, 2015) et des dramaturgies nouvelles que ces derniers font naître (« *Newyorkland* : la scène, espace de recyclage médiatique du genre policier », *Coup de théâtre*, RADAC n°32 – 2018 ; « La conférence-performance : une dramaturgie de l'ère numérique ? », *Demeter*, À paraitre). Elle travaille actuellement à l'élaboration d'outils informatiques de documentation et d'annotation du travail théâtral, en lien avec l'INRIA Grenoble (Equipe IMAGINE, Laboratoire Jean Kuntzmann), dans le cadre du programme de recherche interdisciplinaire, *The Performance Laboratory* (https://performance. univ-grenoble-alpes.fr). En 2021, elle coordonnera un dossier thématique de la *Revue d'Histoire du théâtre*, autour de l'œuvre scénique de Jean-François Peyret, à partir de l'exploration de ses archives personnelles. Enfin, elle collabore avec différents artistes de la scène, en tant que dramaturge (Jean-François Peyret, Antoine Defoort, Vincent Collé, ou encore Barbara Matijevic-Giuseppe Chico).

Composition :
L'atelier des glyphes